HISTOIRE DES ORACLES.

Par M. DE FONTENELLE

De l'Academie Françoise.

Nouvelle Edition augmentée.

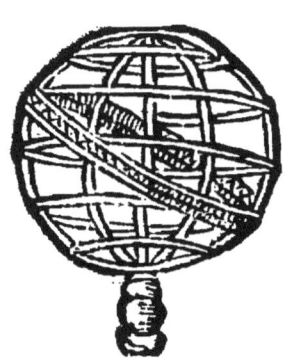

A LONDRES,
Aux dépens de PAUL & ISAAK VAIL-
LANT, Marchands Libraires, chez qui
l'on trouve un affortiment general de
toute sorte de Musique.

M. DCC. XIV.

HISTOIRE
DES
ORACLES.

MON deſſein n'eſt pas de traiter directement l'Hiſtoire des Oracles ; je ne me propoſe que de combattre l'opinion commune qui les attribuë aux Démons, & les fait ceſſer à la venuë de Jeſus-Chriſt ; mais en la combattant, il faudra néceſſairement que je faſſe toute l'Hiſtoire des Oracles, & que j'explique leur origine, leur progrez, les différentes manieres dont ils ſe rendoient, & enfin leur décadence, avec la même exactitude que ſi je ſuivois dans ces matieres l'ordre naturel & hiſtorique.

Il n'eſt pas ſurprenant que les effets de la Nature donnent bien de la peine aux Philoſophes. Les Principes en ſont ſi cachez, que la raiſon humaine ne peut preſque ſans témérité ſonger à les découvrir ; mais quand il n'eſt queſtion que de ſçavoir ſi les Oracles ont pû être un jeu & un artifice des Prêtres Payens, où peut-être la difficulté ? Nous qui ſommes hommes, ne ſçavons-nous pas bien juſqu'à quel point d'autres hommes ont pû être ou Impoſteurs, ou Dupes ? Sur tout, quand il n'est question que de sçavoir en quel tems les Oracles ont cessé, d'où peut naître le moindre sujet de douter ? Tous les Livres sont pleins d'Oracles. Voyons en quel tems ont été rendus les derniers dont nous ayons connoissance.

Mais nous n'avons garde de permettre que la decision des choses soit si facile, nous y faisons entrer des préjugez qui y forment des embaras bien plus grands que ceux qui s'y fussent trouvez naturellement ; & ces difficultez, qui ne viennent que de nôtre part, sont celles dont nous avons nous-mêmes le plus de peine à nous démêler.

L'affaire des Oracles n'en auroit pas, à ce que je croi, de bien considérables, si nous ne les y avions mises. Elle étoit de sa nature une affaire de Religion chez les Payens ; elle en est devenuë une sans nécessité chez les Chrétiens, & de toutes parts on l'a chargée de préjugez, qui ont obscurci des véritez fort claires.

J'avouë que les préjugez ne sont pas communs d'eux-mêmes à la vraye & aux fausses Religions. Ils régnent nécessairement dans celles qui ne sont l'ouvrage que de l'esprit humain ; mais dans la vraye, qui est un ouvrage de Dieu seul, il ne s'y en trouveroit jamais aucun, si ce même esprit humain pouvoit s'empêcher d'y toucher, & d'y mêler quelque chose du sien. Tout ce qu'il y ajoûte de nouveau, que seroit-ce que des préjugez sans fondement ? il n'est pas capable d'ajoûter rien de réel & de solide à l'Ouvrage de Dieu.

Cependant ces préjugez qui entrent dans la vraye Religion, trouvent, pour ainsi dire, le moyen de se faire confondre avec elle,

elle, & de s'attirer un respect qui n'est dû qu'à elle seule. On n'ose les attaquer, de peur d'attaquer en même-tems quelque chose de sacré. Je ne reproche point cet excez de Religion à ceux qui en sont capables, au contraire je les en loüé : mais enfin quelque loüable que soit cet excez, on ne peut disconvenir que le juste milieu ne vaille encore mieux, & qu'il ne soit plus raisonnable de démêler l'Erreur d'avec la Verité, que de respecter l'Erreur mêlée avec la Verité.

Le Christianisme a toûjours été par lui-même en état de se passer de fausses preuves, mais il y est encore presentement plus que jamais, par les soins que de grands Hommes de ce Siécle ont pris de l'établir sur ses véritables fondemens, avec plus de force que les Anciens n'avoient jamais fait. Nous devons être remplis sur nôtre Religion d'une juste confiance, qui nous fasse rejetter de faux avantages qu'un autre Parti que le nôtre pouroit ne pas négliger.

Sur ce pied-là, j'avance hardiment que les Oracles, de quelque nature qu'ils ayent été, n'ont point été rendus par les Démons, & qu'ils n'ont point cessé à la venuë de Jesus-Christ. Chacun de ces deux Points mérite bien une Dissertation.

Tome I. G

PREMIERE DISSERTATION.

QUE LES ORACLES n'ont point été rendus par les Démons.

IL est constant qu'il y a des Démons, des Genies mal-faisans, & condamnez à des tourmens éternels. La Religion nous l'aprend, la raison nous aprend ensuite que ces Démons ont pû animer des Statuës, & rendre des Oracles, si Dieu le leur a permis ; il n'est question que de sçavoir s'ils ont reçû de Dieu cette permission.

Ce n'est donc qu'un Point de fait dont il s'agit ; & comme ce Point de fait a uniquement dépendu de la volonté de Dieu, il étoit de nature à nous devoir être revelé, si la connoissance nous en eût été nécessaire.

Mais l'Ecriture Sainte ne nous aprend en aucune maniere que les Oracles ayent été rendus par des Démons, & dés-lors nous sommes en liberté de prendre parti sur cette matiere ; elle est du nombre de celles que la Sagesse Divine a jugées assez indifferentes pour les abandonner à nos disputes.

Cependant, les avis ne sont point partagez, tout le monde tient qu'il y a eu quelque chose de surnaturel dans les Oracles. D'où vient cela ? La raison en est bien aisée à trouver pour ce qui regarde le tems present. On a cru dans les premiers Siecles du Christianisme, que les Oracles étoient rendus par des Démons, il ne nous en faut pas davantage pour le croire aujourd'hui. Tout ce qu'ont dit les Anciens, soit bon, soit mauvais, est sujet à être bien repeté, & ce qu'ils n'ont pû eux-mêmes prouver par des raisons suffisantes, se prouve à present par leur autorité seule. S'ils ont prévû cela, ils ont bien fait de ne se pas donner toûjours la peine de raisonner si exactement.

Mais pourquoi tous les premiers Chrétiens ont-ils, crû que les Oracles avoient quelque chose de surnaturel ? Recherchons en presentement les raisons ; nous verrons ensuite si elles étoient assez solides.

CHAPITRE I.

Premiere Raison, pourquoi les anciens Chrétiens ont crû que les Oracles étoient rendus par les Démons. Les Histoires surprenantes qui couroient sur le fait des Oracles & des Genies.

L'Antiquité est pleine de je ne sçai combien d'Histoires surprenantes, & d'Oracles qu'on croit ne pouvoir attribuer qu'à des Genies. Nous n'en rapporterons que quelques exemples, qui representeront tout le reste.

Tout le monde sçait ce qui arriva au Pilote Thamus. Son vaisseau étant un soir vers de certaines Isles de la Mer Egée ; le vent cessa tout-à-fait. Tous les gens du vaisseau étoient bien éveillez, la plûpart même passoient le tems à boire, les uns avec les autres, lors qu'on entendit tout d'un coup une voix qui venoit des Isles & qui apelloit Thamus. Thamus se laissa apeller deux fois sans répondre, mais la troisième il répondit. La Voix lui commanda que quand il seroit arrivé à un certain lieu, il criât que le grand Pan étoit mort. Il n'y eût personne dans le Navire qui ne fût saisi de frayeur & d'épouvente. On déliberoit si Thamus devoit obéïr à la Voix, mais Thamus conclut que si quand ils seroient arrivez au lieu marqué, il faisoit assez de vent pour passer outre, il ne faloit rien dire, mais que si un calme les arrêtoit là, il faloit s'acquiter de l'ordre qu'il avoit reçû. Il ne manqua point d'être surpris d'un calme à cet endroit-là, & aussi-tôt il se mit à crier de toute sa force que le grand Pan étoit mort. A peine avoit-il cessé de parler, que l'on entendit de tous côtez des plaintes & des gemissemens, comme d'un grand nombre de personnes surprises & affligées de cette nouvelle. Tous ceux qui étoient dans le Vaisseau furent témoins de l'Avanture. Le bruit s'en répandit en peu de tems jusqu'à Rome, & l'Empereur Tibere ayant voulu voir Thamus lui-même, assembla des gens Sçavans dans la Theologie Payenne, pour aprendre d'eux qui étoit ce grand Pan, & il fut conclu que c'étoit le Fils de Mercure & de Penelope. C'est ainsi que dans le Dialogue où Plutarque traite des Oracles qui ont cessé, Cleombrote conte cette Histoire, & dit qu'il la tient d'Epitherses son Maître de Grammaire, qui étoit dans le Vaisseau de Thamus lorsque la chose arriva.

Thulis * fut un Roi d'Egypte, dont l'Em-

* Suidas.

pire s'étendoit jusqu'à l'Océan. C'est lui, à ce qu'on dit, qui donna le nom de Thulé à l'Isle qu'on apelle presentement Islande. Comme son Empire alloit aparemment jusque-là, il étoit d'une belle étenduë. Ce Roy enflé de ses succez & de sa prosperité, alla à l'Oracle de Serapis, & lui dit :

Toi qui es le maître du feu, & qui gouverne le cours du Ciel, dis-moi la verité. Y a-t-il jamais eu, & y aura-t-il jamais quelqu'un aussi puissant que moi ?

L'Oracle lui répondit.

Premierement Dieu, ensuite la Parole, & l'Esprit avec eux ; tous s'assemblans en Un, dont le pouvoir ne peut finir. Sors d'ici promptement, Mortel, dont la vie est toûjours incertaine.

Au sortir de là, Thulis fut égorgé.

Eusebe a tiré des Ecrits même de Porphire, ce grand ennemi des Chrétiens, les Oracles suivans.

1. *Gemissez, Trépiez. Apollon vous quitte ; il vous quitte forcé par une lumiere celeste. Jupiter a été, il est, & il sera. O grand Jupiter ! Helas ! mes fameux Oracles ne sont plus.*

2. *La voix ne peut revenir à la Prêtresse. Elle est déja condamnée au silence depuis long-tems. Faites toûjours à Apollon des Sacrifices dignes d'un Dieu.*

3. *Malheureux Prêtre*, disoit Apollon à son Prêtre, *ne m'interroge plus sur le divin Pere, ni sur son Fils unique, ni sur l'Esprit qui est l'ame de toutes choses. C'est cet Esprit qui me chasse à jamais de ces lieux.*

Auguste * déja vieux, & songeant à se choisir un Successeur, alla consulter l'Oracle de Delphes. L'Oracle ne répondoit point,

G iij

* *Suidas, Nicephores, Cedrenus.*

quoi qu'Auguste n'épargnât pas les Sacrifices. A la fin cependant il en tira cette réponse.

L'Enfant Hebreu, à qui tous les Dieux obéissent, me chasse d'ici, & me renvoye dans les Enfers. Sors de ce Temple sans parler.

Il est aisé de voir que sur de pareilles Histoires, on n'a pas pû douter que les Démons ne se mêlassent des Oracles. Ce grand Pan qui meurt sous Tibere, aussi bien que Jesus-Christ, est le Maître des Démons, dont l'Empire est ruïné par cette mort d'un Dieu si salutaire à l'Univers : ou si cette explication ne vous plaît pas, car enfin on peut sans impiété donner des sens contraires à une même chose, quoi qu'elle regarde la Religion ; ce grand Pan est Jesus-Christ lui-même, dont la mort cause une douleur & une consternation generale parmi les Démons, qui ne peuvent plus exercer leur tirannie sur les hommes. C'est ainsi qu'on a trouvé moyen de donner à ce grand Pan deux faces bien differentes.

L'Oracle rendu au Roi Thulis, un Oracle si positif sur la sainte Trinité, peut-il être une fixion humaine ? Comment le Prêtre de Serapis auroit-il deviné un si grand Mistere, inconnu alors à toute la Terre, & aux Juifs mêmes ?

Si ces autres Oracles eussent été rendus par des Prêtres imposteurs, qui obligeoit ces Prêtres à se décrediter eux-mêmes, & à publier la cessation de leurs Oracles ? n'est-il pas visible que c'étoient des Démons que Dieu même forçoit à rendre témoignage à la Verité ? De plus, pourquoi les Oracles cessoient-ils, s'ils n'étoient rendus que par des Prêtres ?

CHAPITRE II.

Seconde Raison des Anciens Chrétiens pour croire les Oracles surnaturels. Convenance de cette opinion avec le Sistême du Christianisme.

LEs Démons étant une fois constans par le Christianisme, il a été naturel de leur donner le plus d'emploi qu'on pouvoit, & de ne les pas épargner pour les Oracles, & les autres miracles Payens qui sembloient en avoir besoin. Par là, on se dispensoit d'entrer dans la discussion des faits qui eût été longue & difficile, & tout ce qu'ils avoient de surprenant & d'extraordinaire, on l'attribuoit à ces Démons que l'on avoit en main. Il sembloit qu'en leur raportant ces évenemens, on confirmât leur existence, & la Religion même qui nous la révele.

De plus, il est certain que vers le tems de la Naissance de Jesus-Christ, il est souvent parlé de la cessation des Oracles, même dans les Auteurs Prophanes. Pourquoi ce tems-là plûtôt qu'un autre avoit-il été destiné à leur anéantissement. Rien n'étoit plus aisé à expliquer selon le Sistême de la Religion Chrétienne. Dieu avoit fait son Peuple du Peuple Juif, & avoit abandonné l'Empire du reste de la Terre aux Démons jusqu'à l'arrivée de son Fils ; mais alors il les dépoüille du pouvoir qu'il leur avoit laissé prendre, il veut que tout fléchisse sous Jesus-Christ, & que rien ne fasse obstacle à l'établissement de son Royaume sur les Nations. Il y a je ne sçai quoi de si heureux dans cette pensée, que je ne m'étonne pas qu'elle ait eu beaucoup de cours; c'est une de ces choses à la verité desquelles on est bien aise d'aider, & qui persuadent parce qu'on y est favorable.

CHAPITRE III.

Troisiéme Raison des anciens Chrétiens. Convenance de leur opinion avec la Philosophie de Platon.

Jamais Philosophie n'a été plus à la mode qu'y fut celle de Platon chez les Chrétiens pendant les premiers Siécles de l'Eglise. Les Payens se partageoient encore entre les différentes Sectes de Philosophes, mais la conformité que l'on trouva qu'avoit le Platonisme avec la Religion, mit dans cette seule Secte presque tous les Chrétiens sçavans. De-là vint l'estime prodigieuse dont on s'entêta pour Platon, on le regardoit comme une espece de Prophete, qui avoit deviné plusieurs Points importans du Christianisme, sur tout la sainte Trinité, que l'on peut nier qui ne soit assez clairement contenuë dans ses écrits. Aussi ne manqua-t-on pas de prendre ses Ouvrages pour des Commentaires de l'Ecriture, & de concevoir la nature du Verbe comme il l'avoit conçûë. Il se figuroit Dieu tellement élevé au dessus des Créatures, qu'il ne croyoit pas qu'elles pussent être sorties immédiatement de ses mains, & il mettoit entr'elles & lui ce Verbe, comme un degré par lequel l'action de Dieu pût passer jusqu'à elles. Les Chrétiens prirent cette même idée de Jesus-Christ, & c'est-là peut-être la cause pourquoi jamais Heresie n'a été ni plus generalement embrassée ni soûtenuë avec plus de chaleur que l'Arianisme.

Ce Platonisme donc, qui sembloit faire honneur à la Religion Chrétienne lors qu'il lui étoit favorable, se trouva tout plein de Démons, & delà ils se répandirent aisément dans le Sistême que les Chrétiens imaginèrent sur les Oracles.

Platon veut que les Démons soient d'une nature moyenne entre celle des Dieux, & celle des hommes ; que ce soient des Genies Aëriens destinez à faire tout le commerce des Dieux & de nous ; que quoi qu'ils soient proches de nous, nous ne les puissions voir ; qu'ils pénétrent dans toutes nos pensées; qu'ils ayent de l'amour pour les bons, & de la haine pour les méchans, & que ce soit en leur honneur qu'on a établi tant de sortes de Sacrifices, & tant de Cérémonies différentes.

Il ne paroît point par là que Platon reconnût de mauvais Démons, ausquels on pût donner le soin des fourberies des Oracles. Plutarque * cependant assûre qu'il en reconnoissoit, & à l'égard des Platoniciens ; la chose est hors de doute. Eusebe dans sa Préparation Evangelique, † raporte quantité de passages de Porphire, où ce Philosophe Payen assûre que les mauvais Démons sont les auteurs des Enchantemens, des Philtres, & des Malefices ; qu'ils ne font que tromper nos yeux par des Spectres, & par des Fantômes ; que le Mensonge est essentiel à leur nature ; qu'ils excitent en nous la plûpart de nos passions ; qu'ils ont l'ambition de vouloir passer pour des Dieux ; que leurs corps Aëriens & spirituels se nourrissent de suffumigations, de sang répandu, & de la graisse-

G v

* *Dialogue des Oracles qui ont cessé.*
† *Liv. 4. 5. 6.*

se des Sacrifices: qu'il n'y a qu'eux qui se mêlent de rendre des Oracles, & à qui cette fonction pleine de tromperie soit tombée en partage; & enfin à la tête de cette troupe de mauvais Démons il met Hecate & Serapis.

Jamblique, autre Platonicien, en dit autant; & comme la plûpart de ces choses-là sont vrayes, les Chrétiens reçûrent le tout avec joye, & y ajoûterent même un peu du leur, * par exemple que les Démons déroboient dans les écrits des Prophetes quelque connoissance de l'avenir, & puis s'en faisoient honneur dans leurs Oracles.

Ce Sistême des Chrétiens avoit cela de commode, qu'il découvroit aux Payens, par leurs propres principes, l'origine de leur faux Culte, & la source de l'Erreur où ils avoient toûjours été. Ils étoient persuadez qu'il y avoit quelque chose de surnaturel dans leurs Oracles, & les Chrétiens qui avoient à disputer contr'eux, ne songeoient point à leur ôter cette pensée. Les Démons dont on convenoit de part & d'autre, servoient à expliquer tout ce surnaturel. On reconnoissoit cette espece de miracle ordinaire qui s'étoit fait dans la Religion des Payens, mais on leur en faisoit perdre tout l'avantage par les Auteurs ausquels on l'attribuoit, & cette voye étoit bien plus courte & plus aisée que celle de contester le miracle même par une longue suite de recherches & de raisonnemens.

Voilà comment s'établit dans les premiers Siécles de l'Eglise, l'opinion qu'on y prit sur les Oracles des Payens. Je pourrois aux

* *Tertullien dans l'Apologetique.*

raisons que j'ai aportées en ajoûter une quatriéme, aussi bonne peut-être que toutes les autres; c'est que dans le Sistême des Oracles rendus par les Démons, il y a du Merveilleux, & si l'on a un peu étudié l'esprit humain, on sçait qu'elle force le Merveilleux a sur lui. Mais je ne prétends pas m'étendre sur cette réflexion; ceux qui y entreront, m'en croiront bien, sans que je me mette en peine de la prouver, & ceux qui n'y entreront pas, ne m'en croiroient pas peut-être après toutes mes preuves.

Examinons presentement l'une après l'autre, les raisons qu'on a eûs de croire les Oracles surnaturels.

CHAPITRE IV.

Que les Histoires surprenantes qu'on debite sur les Oracles, doivent être fort suspectes.

IL seroit difficile de rendre raison des Histoires & des Oracles que nous avons raportez, sans avoir recours aux Démons: mais aussi tout cela est-il bien vrai? assurons-nous bien du fait, avant que de nous inquiéter de la cause. Il est vrai que cette métode est bien lente pour la plûpart des Gens, qui courent naturellement à la cause, & passent par dessus la verité du fait; mais enfin nous éviterons le ridicule d'avoir trouvé la cause de ce qui n'est point.

Ce malheur arriva si plaisamment sur la fin du Siecle passé à quelques Sçavans d'Allemagne, que je ne puis m'empêcher d'en parler ici.

En 1593. le bruit courut que les dents étant

tombées à un enfant de Silesie, âgé de sept ans, il lui en étoit venu une d'or, à la place d'une de ses grosses dents. Horstius, professeur en Medecine dans l'Université de Helmstad, écrivit en 1595. l'Histoire de cette dent, & prétendit qu'elle étoit en partie naturelle, en partie miraculeuse, & qu'elle avoit été envoyée de Dieu à cet Enfant pour consoler les Chrétiens affligez par les Turcs. Figurez-vous quelle consolation, & quel raport de cette dent aux Chrétiens, ni aux Turcs. En la même année, afin que cette dent d'or ne manquât pas d'Historiens, Rullandus en écrit encore l'Histoire. Deux ans aprés, Ingolsteterus, autre Sçavant, écrit contre le sentiment que Rullandus avoit de la dent d'or, & Rullandus fait aussi-tôt une belle & docte Replique. Un autre grand Homme nommé Libavius, ramasse tout ce qui avoit été dit de la dent, & y ajoûte son sentiment particulier. Il ne manquoit autre chose à tant de beaux Ouvrages, sinon qu'il fût vrai que la dent étoit d'or. Quand un Orfèvre l'eût examinée, il se trouva que c'étoit une feüille d'or apliquée à la dent avec beaucoup d'adresse; mais on commença par faire des Livres, & puis on consulta l'Orfèvre.

Rien n'est plus naturel que d'en faire autant sur toutes sortes de matieres. Je ne suis pas si convaincu de nôtre ignorance par les choses qui sont, & dont la raison nous est inconnuë, que par celles qui ne sont point, & dont nous trouvons la raison. Cela veut dire que non seulement nous n'avons pas les Principes qui ménent au vrai, mais que nous en avons d'autres qui s'accommodent trés bien avec le faux.

De grands Phisiciens ont fort bien trouvé

pourquoi les lieux souterrains sont chauds en Hyver, & froids en été ; de plus grands Phisiciens ont trouvé depuis peu que cela n'étoit pas.

Les discussions historiques sont encore plus susceptibles de cette sorte d'erreur. On raisonne sur ce qu'ont dit les Historiens, mais ces Historiens n'ont-ils été ni passionnez, ni crédules, ni mal instruits, ni négligens ? Il en faudroit trouver un qui eût été spectateur de toutes choses, indifferent, & apliqué.

Sur tout quand on écrit des faits qui ont liaison avec la Religion, il est assez difficile que selon le Parti dont on est, on ne donne à une fausse Religion des avantages qui ne lui sont point dûs, ou qu'on ne donne à la vraye de faux avantages dont elle n'a pas besoin. Cependant on devroit être persuadé qu'on ne peut jamais ajoûter de la verité à celle qui est vrai, ni en donner à celles qui sont fausses.

Quelques Chrétiens des premiers Siecles, faute d'être instruits ou convaincus de cette maxime, se sont laissé aller à faire en faveur du Christianisme, des supositions assez hardies, que la plus saine partie des Chrétiens ont ensuite desavoüées. Ce zéle inconsideré a produit une infinité de Livres apocriphes, ausquels on donnoit des noms d'Auteurs Payens ou Juifs, car comme l'Eglise avoit affaire à ces deux sortes d'ennemis, qu'y avoit-il de plus commode que de les battre avec leurs propres armes, en leur presentant des Livres, qui quoi que faits, à ce qu'on prétendoit, par des Gens de leur Parti, fussent néanmoins trés avantageux au Christianisme ? Mais à force de vouloir tirer de ces Ouvrages suposez un grand effet pour la Religion, on les a empêchez d'en faire aucun. La clarté dont ils sont, les trahit, & nos misteres y sont si nettement développez, que les Prophetes de l'Ancien & du Nouveau Testament n'y auroient rien entendu auprés de ces Auteurs Juifs & Payens. De quelque côté qu'on se puisse tourner pour sauver ces Livres, on trouvera toûjours dans ce trop de clarté, une difficulté insurmontable. Si quelques Chrétiens suposoient bien des Livres aux Payens ou aux Juifs, les Heretiques ne faisoient pas de façon d'en suposer aux Orthodoxes. Ce n'étoient que faux Evangiles, fausses Epîtres d'Apôtres, fausses Histoires de leurs Vies, & ce ne peut-être que par un effet de la Providence Divine que la verité s'est démêlée de tant d'Ouvrages apocriphes qui l'étoufoient.

Quelques grands hommes de l'Eglise, ont été quelquefois trompez, soit aux supositions des Heretiques contre les Orthodoxes, soit à celles des Chrétiens contre les Payens ou les Juifs, mais plus souvent à ces dernieres. Ils n'ont pas toûjours examiné d'assez prés ce qui leur sembloit favorable à la Religion; l'ardeur avec laquelle ils combatoient pour une si bonne cause, ne leur laissoit pas toûjours la liberté de choisir assez bien leurs armes. C'est ainsi qu'il leur arrive quelquefois de se servir des Livres des Sibiles, ou de ceux d'Hermés Trismegiste, Roy d'Egypte.

On ne prétend point par là affoiblir l'autorité, ni attaquer le mérite de ces grands hommes. Aprés qu'on aura remarqué toutes les méprises où ils peuvent être tombez sur un certain nombre de faits, il leur restera

DES ORACLES. 155

une infinité de raisonnemens solides, & de belles découvertes, surquoi on ne les peut assez admirer. Si avec les vrais titres de nôtre Religion ils nous en ont laissé d'autres qui peuvent être suspects, c'est à nous à ne recevoir d'eux que ce qui est légitime, & à pardonner à leur zèle de nous avoir fourni plus de titres qu'il ne nous en faut.

Il n'est pas surprenant que ce même zèle les ait persuadez de la verité de je ne sçai combien d'Oracles avantageux à la Religion qui coururent dans les premiers Siecles de l'Eglise. Les Auteurs des Livres des Sibilles, & de ceux d'Hermés, ont bien pû l'être aussi de ces Oracles. Du moins il étoit plus aisé d'en suposer que des Livres entiers. L'Histoire de Thamus est Payenne d'origine, mais Eusebe & d'autres grands Hommes lui ont fait l'honneur de la croire. Cependant elle est immédiatement suivie dans Plutarque d'un autre conte si ridicule, qu'il suffiroit pour la décider entierement. Démetrius dit dans cet endroit que la plûpart des Isles qui sont vers l'Angleterre, sont desertes, & consacrées à des Démons & à des Heros ; qu'ayant été envoyé par l'Empereur pour les reconnoître, il aborda à une de celles qui étoient habitées ; que peu de tems après qu'il y fut arrivé, il y eût une tempête & des tonnerres effroyables, qui firent dire aux gens du Païs qu'assurément quelqu'un des principaux Démons venoit de mourir, parce que leur mort étoit toûjours accompagnée de quelque chose de funeste. A cela Démetrius ajoûte que l'une de ces Isles est la prison de Saturne, qui y est gardé par Briarée, & enseveli dans un sommeil perpetuel ; ce qui rend, ce me semble, le Géant assés inutile pour sa garde ; & qui est environné d'une infinité de Démons qui sont à ses pieds comme ses esclaves.

Ce Démetrius ne faisoit-il pas des Relations bien curieuses de ses Voyages ? Et n'est-il pas beau de voir un Philosophe comme Plutarque, nous conter froidement ces merveilles ; Ce n'est pas sans raison qu'on a nommé Herodote le Pere de l'Histoire. Toutes les Histoires Grecques qui à ce compte-là, sont ses Filles, tiennent beaucoup de son génie, elles ont peu de verité, mais beaucoup de merveilleux, & de choses amusantes. Quoi qu'il en soit, l'Histoire de Thamus seroit presque suffisamment refutée quand elle n'auroit point d'autre défaut, que celui de se trouver dans un même traité avec les Démons de Démetrius.

Mais de plus, elle ne peut recevoir un sens raisonnable. Si ce grand Pan étoit un Démon, les Démons ne pouvoient-ils se faire sçavoir sa mort les uns aux autres, sans y employer Thamus ? N'ont-ils point d'autres voyes pour s'envoyer des nouvelles ? & d'ailleurs sont-ils si impudens que de reveler aux hommes leurs malheurs, & la foiblesse de leur nature ? Dieu les y forçoit, direz-vous. Dieu avoit donc un dessein, mais voyons ce qui s'en ensuivit. Il n'y eût personne qui se desabusât du Paganisme pour avoir apris la mort du grand Pan. Il fut arrêté que c'étoit le Fils de Mercure & de Penelope, & non pas celui que l'on reconnoissoit en Arcadie, pour le Dieu de *Tout*, ainsi que son nom le porte. Quoi que la Voix eût nommé le grand Pan, cela s'entendit pourtant du petit Pan, sa mort ne tira guere à conséquence, & il ne paroît pas qu'on y ait eu grand regret.

Si ce grand Pan étoit Jesus-Christ, les Démons n'annoncerent aux hommes une mort si salutaire, que parce que Dieu les y contraignoit. Mais qu'en arriva t'il ? Quelqu'un entendit-il ce mot de Pan dans son vrai sens ? Plutarque vivoit dans le second Siécle de l'Eglise, & cependant personne ne s'étoit encore avisé que Pan fut Jesus-Christ mort en Judée.

L'Histoire des Thulis est raportée par Suidas, Auteur qui ramasse beaucoup de choses, mais qui ne les choisit guere. Son Oracle de Serapis peche de la même maniere que les Livres des Sibilles, par le trop de clarté sur nos Misteres. Mais de plus ce Thulis Roi d'Egypte n'étoit pas assurément un des Ptolomées, & que deviendra tout l'Oracle, s'il faut que Serapis soit un Dieu qui n'ait été amené en Egypte que par un Ptolomée qui le fit venir de Pont, comme beaucoup de Sçavans le prétendent sur des aparences très fortes ? Du moins il est certain qu'Herodote qui aime tant à discourir sur l'ancienne Egypte ne parle point de Serapis, & que Tacite conte tout au long comment, & pourquoi un des Ptolomées fit venir de Pont le Dieu Serapis, qui n'étoit alors connu que là.

L'Oracle rendu à Auguste sur l'Enfant Hebreu n'est point du tout recevable. Cedrenus le cite d'Eusebe, & aujourd'hui il ne s'y trouve point. Il ne seroit pas impossible que Cedrenus citât à faux, ou citât quelque Ouvrage faussement attribué à Eusebe. Il est bien homme à vous raporter sur la foi de certains faux Actes de saint Pierre, qui couroient encore de son tems, que Simon le Magicien avoit à sa porte un gros Dogue qui devoroit ceux que son Maître ne vouloit pas laisser entrer ; que saint Pierre voulant parler à Simon, ordonna à ce Chien de lui aller dire en langage humain, que Pierre serviteur de Dieu le demandoit ; que le Chien s'acquita de cet ordre, au grand étonnement de ceux qui étoient alors avec Simon ; mais que Simon pour leur faire voir qu'il n'en sçavoit pas moins que S. Pierre, ordonna au Chien à son tour d'aller lui dire qu'il entrât, ce qui fut executé aussi-tôt. Voilà ce qui s'apelle chez les Grecs écrire l'Histoire. Cedrenus vivoit dans un siecle ignorant, où la licence d'écrire impunément des Fables, se joignoit encore à l'inclination generale qui y porte les Grecs.

 Mais quand Eusebe dans quelque Ouvrage qui ne seroit pas venu jusqu'à nous, auroit effectivement parlé de l'Oracle d'Auguste, Eusebe lui-même se trompoit quelquefois, & on en a des preuves constantes. Les premiers Défenseurs du Christianisme, Justin, Tertulien, Theophile, Tatien auroient-ils gardé le silence sur un Oracle si favorable à la Religion ? Etoient-ils assez peu zêlez pour négliger cet avantage ? Mais ceux * même qui nous donnent cet Oracle le gâtent, en y ajoûtant qu'Auguste de retour à Rome fit élever dans le Capitole un Autel avec cette Inscription ; *C'est ici l'Autel du Fils unique*, ou, *Aîné de Dieu*. Où avoit-il pris cette idée d'un Fils unique de Dieu, dont l'Oracle ne parle point.

 Enfin ce qu'il y a de plus remarquable, c'est qu'Auguste depuis le Voyage qu'il fit en Grece, 19. ans avant la Naissance de Je-

* Cedrenus, Suidas, Nicephore.

sus-Christ, n'y retourna jamais : & même lors qu'il en revint, il n'étoit guere dans la disposition d'élever des Autels à d'autres Dieux qu'à lui, car il souffrit non seulement * que les Villes d'Asie lui en élevassent, & lui célébrassent des Jeux sacrez, mais même qu'à Rome on consacrât un Autel à la Fortune qui étoit de retour, *Fortuna reduci*, c'est-à-dire à lui-même, & que l'on mit le jour d'un retour si heureux entre les jours de Fête.

Les Oracles qu'Eusebe raporte de Porphire paroissent plus embarassans que tous les autres. Eusebe n'aura pas suposé à Porphire des Oracles qu'il ne citoit point, & Porphire qui étoit si attaché au Paganisme n'aura pas cité de faux Oracles sur la cessation des Oracles même, & à l'avantage de la Religion Chrétienne. Voici, ce semble, le cas où le témoignage d'un ennemi a tant de force.

Mais aussi d'un autre côté, Porphire n'étoit pas assez mal habile homme pour fournir aux Chrétiens des armes contre le Paganisme, sans y être nécessairement engagé par la suite de quelque raisonnement, & c'est ce qui ne paroît point ici. Si ces Oracles eussent été alléguez par les Chrétiens, & que Porphire en convenant qu'ils avoient été effectivement rendus, se fût défendu des consequences qu'on en vouloit tirer, il est sûr qu'ils seroient d'un trés grand poids ; mais c'est de Porphire même que les Chrétiens, selon qu'il paroît par l'exemple d'Eusebe, tiennent ces Oracles ; c'est Porphire qui prend plaisir à rüiner sa Religion, & à établir la nôtre. En verité cela est suspect de soi-même, &

* *Tacite, Dion Cassius.*

le devient encore davantage par l'excez où il pousse la chose, car on nous raporte de lui je ne sçai combien d'autres Oracles très clairs & très positifs, sur la Personne de Jesus-Christ, sur sa Resurrection, sur son Ascension ; enfin le plus entêté & le plus habile des Payens nous acable de preuves du Christianisme. Defions-nous de cette generosité.

Eusebe a crû que c'étoit un assez grand avantage de pouvoir mettre le nom de Porphire à la tête de tant d'Oracles si favorables à la Religion. Il nous les donne dépouillez de tout ce qui les accompagnoit dans les écrits de Porphire. Que sçavons-nous s'il ne les refutoit pas ? Selon l'interêt de sa cause il le devoit faire, & s'il ne l'a pas fait, assurément il avoit quelque intention cachée.

On soupçonne que Porphire étoit assez méchant pour faire de faux Oracles, & les presenter aux Chrétiens, à dessein de se moc-quer de leur credulité, s'ils les recevoient pour vrais, & apuyoient leur Religion sur de pareils fondemens. Il en eût tiré des consequences pour des choses bien plus importantes que ces Oracles, & eût attaqué tout le Christianisme par cet exemple, qui au fond n'eût pourtant rien conclu.

Il est toûjours certain que ce même Porphire qui nous fournit tous ces Oracles, soûtenoit, comme nous avons vû, que les Oracles étoient rendus par des Génies menteurs. Il se pourroit donc bien faire qu'il eût mis en Oracles tous les Misteres de nôtre Religion, exprés pour tâcher à les détruire, & pour les rendre suspects de fausseté, parce qu'ils auroient été attestez par de faux témoins. Je sçai bien que les Chrétiens ne le prenoient pas ainsi ; mais comment eussent-ils jamais prouvé par raisonnement, que les Démons étoient quelquefois forcez à dire la verité ? Ainsi Porphire demeuroit toûjours en état de se servir de ses Oracles contr'eux, & selon le tour de cette dispute, ils doivent nier que ces Oracles eussent jamais été rendus; comme nous le nions presentement. Cela, ce me semble, explique assez bien pourquoi Porphire étoit si prodigue d'Oracles favorables à nôtre Religion,& quel train avoit pû prendre le grand Procez d'entre les Chrétiens & les Payens ; nous ne faisons que le deviner, car toutes les pieces n'en sont pas venuës jusqu'à nous. C'est ainsi qu'en examinant un peu les choses de prés on trouve que ces Oracles qui paroissent si merveilleux, n'ont jamais été. Je n'en raporterai point d'autres exemples, tout le reste est de la même nature.

CHAPITRE V.

Que l'opinion commune sur les Oracles, ne s'accorde pas si bien qu'on pense avec la Religion.

LE silence de l'Ecriture sur ces mauvais Démons que l'on prétend qui présidoient aux Oracles, ne nous laisse pas seulement en liberté de n'en rien croire, mais il nous y porte assez naturellement. Seroit-il possible que l'Ecriture n'eût point apris aux Juifs & aux Chrétiens une chose qu'ils ne pouvoient jamais deviner sûrement par leur raison naturelle, & qu'il leur importoit extrêmement de sçavoir, pour n'être pas ébranlez, par ce qu'ils verroient arriver de surprenant dans les autres Religions ? Car je conçois que Dieu n'a parlé aux hommes que pour suplééer à la foiblesse de leurs connoissances qui ne suffisoient pas à leurs besoins, & que tout ce qu'il ne leur a pas dit est de telle nature qu'ils le peuvent aprendre d'eux-mêmes, ou qu'il n'est pas nécessaire qu'ils le sçachent. Ainsi si les Oracles eussent été rendus par de mauvais Démons, Dieu nous l'eût apris, pour nous empêcher de croire qu'il les rendit lui-même, & qu'il y eût quelque chose de Divin dans des Religions fausses.

David reproche aux Payens, des Dieux qui ont une bouche & n'ont point de parole ; & souhaite à leurs Adorateurs pour toute punition, de devenir semblables à ce qu'ils adorent ; mais si ces Dieux eussent eu non seulement l'usage de la parole, mais encore la connoissance des choses futures : Je ne voi pas que David eût pû faire ce reproche aux Payens, ni qu'ils eussent dû être fâchez de ressembler à leurs Dieux.

Quand les Saints Peres s'emportent avec tant de raison contre le culte des Idoles, ils suposent toûjours qu'elles ne peuvent rien, & si elles eussent parlé, si elles eussent prédit l'avenir, il ne faloit pas attaquer avec mépris leur impuissance, il faloit désabuser les Peuples du pouvoir extraordinaire qui paroissoit en elles. En effet, auroit-on eu tant de tort d'adorer ce qu'on croyoit être animé d'une vertu divine, ou tout au moins d'une vertu plus qu'humaine ? Il est vrai que ces Démons étoient ennemis de Dieu ; mais les Payens pouvoient-ils le deviner ? Si les Démons demandoient des cérémonies barbares ou extravagantes, les Payens les croyoient bizares ou cruels ; mais ils ne laissoient pas pour cela de les croire plus puissans que les hommes, ils ne sçavoient pas que le vrai Dieu leur offroit sa protection contr'eux. Ils ne se soumettoient le plus souvent à leurs Dieux que comme à des ennemis redoutables, qu'il faloit apaiser à quelque prix que ce fut, & cette soumission, & cette crainte n'étoient pas sans fondement, si en effet les Démons donnoient des preuves de leur pouvoir, qui fussent au dessus de la Nature. Enfin le Paganisme, ce culte si abominable aux yeux de Dieu, n'eût été qu'une erreur involontaire & excusable.

Mais, direz-vous, si les faux Prêtres ont toûjours trompé les Peuples, le Paganisme n'a été non plus qu'une simple erreur où tomboient les Peuples crédules, qui au fond avoient dessein d'honorer un Superieur.

La difference est bien grande. C'est aux hommes à se précautionner contre les Erreurs où ils peuvent être jettez par d'autres hommes, mais ils n'ont nul moyen de se précautionner contre celles où ils seroient jettez par des Genies qui sont au dessus d'eux. Mes lumieres suffisent pour examiner si une Statuë parle, ou ne parle pas ; mais du moment qu'elle parle, rien ne me peut plus desabuser de la Divinité, que je lui attribuë. En un mot, Dieu n'est obligé par les loix de sa bonté, qu'à me garantir des surprises dont je ne puis me garantir moi-même ; pour les autres, c'est à ma raison à faire son devoir.

Aussi voyons-nous que quand Dieu a permis aux Démons de faire des prodiges, il les a en même tems confondus par des prodiges plus grands. Pharaon eût pû être trompé par ses Magiciens ; mais Moïse étoit la plus puisfant que les Magiciens de Pharaon. Jamais les Démons n'ont eu tant de pouvoir, ni n'ont fait tant de choses surprenantes, que du tems de Jesus-Christ & des Apôtres.

Cela n'empêche pas que le Paganisme, n'ait toûjours été apellé avec justice, le culte des Démons. Premierement l'idée qu'on y prend de la Divinité, ne convient nullement au vrai Dieu, mais à ces Génies réprouvez & éternellement malheureux.

Secondement, l'intention des Payens n'étoit pas tant d'adorer le premier Être, la source de tous les biens, que ces Etres malfaisans dont ils craignoient la colere ou le caprice. Enfin les Démons, qui ont, sans contredit, le pouvoir de tenter les hommes, & de leur tendre des pieges, favorisoient autant qu'il étoit en eux, l'erreur grossiere des Payens, & leur fermoient les yeux sur des impostures visibles. De là vient qu'on dit que le Paganisme rouloit, non pas sur les prodiges, mais sur les prestiges des Démons; ce qui supose qu'en tout ce qu'ils faisoient, il n'y avoit rien de réel ni de vrai, ni de tel que de donner effectivement la parole à une Statuë.

Il peut être cependant que Dieu ait quelquefois permis aux Démons d'animer des Idoles. Si cela est arrivé, Dieu avoit alors ses raisons, & elles sont toûjours dignes d'un profond respect. Mais à parler en general, la chose n'a point été ainsi. Dieu permit au Diable de brûler les maisons de Job, de desoler ses pâturages, de faire mourir tous ses troupeaux, de fraper son corps de mille playes, mais ce n'est pas à dire que le Diable soit lâché sur tous ceux à qui les mêmes malheurs arrivent. On ne songe point au Diable,

quand

quand il est question d'un homme malade ou ruiné. Le cas de Job est un cas particulier : on raisonne indépendamment de cela, & nos raisonnemens generaux n'excluent jamais les exceptions que la toute-puissance de Dieu peut faire à tout.

Il paroît donc que l'opinion commune sur les Oracles ne s'accorde pas bien avec la bonté de Dieu, & qu'elle décharge le Paganisme d'une bonne partie de l'extravagance, & même de l'abomination que les Saints Peres y ont toûjours trouvée. Les Payens devoient dire pour se justifier, que ce n'étoit pas merveille qu'ils eussent obéï à des Genies qui animoient des Statuës, & faisoient tous les jours cent choses extraordinaires, & les Chrétiens pour leur ôter toute excuse, ne devoient jamais leur accorder ce Point. Si toute la Religion Payenne n'avoit été qu'une imposture des Prêtres, le Christianisme profitoit de l'excez du ridicule où elle tomboit.

Aussi y a-t-il bien de l'aparence que les disputes des Chrétiens & des Payens étoient en cet état, lorsque Porphire avoüoit si volontiers que les Oracles étoient rendus par de mauvais Démons. Ces mauvais Démons lui étoient d'un double usage. Il s'en servoit, comme nous avons vû, à rendre inutiles, & même desavantageux à la Religion Chrétienne les Oracles dont les Chrétiens prétendoient se parer : mais de plus, il rejettoit sur ces Genies cruels & artificieux, toute la folie & toute la barbarie d'une infinité de Sacrifices, que l'on reprochoit sans cesse aux Payens.

C'est donc attaquer Porphire jusque dans ses derniers retranchemens, & c'est prendre les vrais interêts du Christianisme, que de soû-

sant que les Magiciens de Pharaon. Jamais les Démons n'ont eu tant de pouvoir, ni n'ont fait tant de choses surprenantes, que du tems de Jesus-Christ & des Apôtres.

Cela n'empêche pas que le Paganisme, n'ait toûjours été apéllé avec justice, le culte des Démons. Premierement l'idée qu'on y prend de la Divinité, ne convient nullement au vrai Dieu, mais à ces Génies réprouvez & éternellement malheureux.

Secondement, l'intention des Payens n'étoit pas tant d'adorer le premier Etre, la source de tous les biens, que ces Etres malfaisans dont ils craignoient la colere ou le caprice. Enfin les Demons, qui ont, sans contredit, le pouvoir de tenter les hommes, & de leur tendre des pieges, favorisoient autant qu'il étoit en eux, l'erreur grossiere des Payens, & leur fermoient les yeux sur des impostures visibles. De là vient qu'on dit que le Paganisme rouloit, non pas sur les prodiges, mais sur les prestiges des Démons; ce qui supose qu'en tout ce qu'ils faisoient, il n'y avoit rien de réel ni de vrai, ni de tel que de donner effectivement la parole à une Statuë.

Il peut être cependant que Dieu ait quelquefois permis aux Démons d'animer des Idoles. Si cela est arrivé, Dieu avoit alors ses raisons, & elles sont toûjours dignes d'un profond respect. Mais à parler en general, la chose n'a point été ainsi. Dieu permit au Diable de brûler les maisons de Job, de desoler ses pâturages, de faire mourir tous ses troupeaux, de fraper son corps de mille playes, mais ce n'est pas à dire que le Diable soit lâché sur tous ceux à qui les mêmes malheurs arrivent. On ne songe point au Diable,

quand

quand il est question d'un homme malade ou ruiné. Le cas de Job est un cas particulier : on raisonne indépendamment de cela, & nos raisonnemens generaux n'excluent jamais les exceptions que la toute-puissance de Dieu peut faire à tout.

Il paroît donc que l'opinion commune sur les Oracles ne s'accorde pas bien avec la bonté de Dieu, & qu'elle décharge le Paganisme d'une bonne partie de l'extravagance, & même de l'abomination que les Saints Peres y ont toûjours trouvée. Les Payens devoient dire pour se justifier, que ce n'étoit pas merveille qu'ils eussent obéï à des Genies qui animoient des Statuës, & faisoient tous les jours cent choses extraordinaires, & les Chrétiens pour leur ôter toute excuse, ne devoient jamais leur accorder ce Point. Si toute la Religion Payenne n'avoit été qu'une imposture des Prêtres, le Christianisme profitoit de l'excez du ridicule où elle tomboit.

Aussi y a-t-il bien de l'aparence que les disputes des Chrétiens & des Payens étoient en cet état, lorsque Porphire avoüoit si volontiers que les Oracles étoient rendus par de mauvais Démons. Ces mauvais Démons lui étoient d'un double usage. Il s'en servoit, comme nous avons vû, à rendre inutiles, & même desavantageux à la Religion Chrétienne les Oracles dont les Chrétiens prétendoient se parer : mais de plus, il rejettoit sur ces Genies cruels & artificieux, toute la folie & toute la barbarie d'une infinité de Sacrifices, que l'on reprochoit sans cesse aux Payens.

C'est donc attaquer Porphire jusque dans ses derniers retranchemens, & c'est prendre les vrais interêts du Christianisme, que de soû-

Tome I. H

tenir que les Démons n'ont point été les auteurs des Oracles.

CHAPITRE VI.

Que les Démons ne sont pas suffisamment établis par le Platonisme.

Dans les premiers tems, la Poësie & la Philosophie étoient la même chose, & toute la sagesse étoit renfermée dans les Poëmes. Ce n'est pas que par cette alliance la Poësie en vaut mieux, mais la Philosophie en valoit beaucoup moins. Homere & Hesiode ont été les premiers Philosophes Grecs, & de là vient que les autres Philosophes ont toûjours pris fort serieusement ce qu'ils avoient dit, & ne les ont citez qu'avec honneur.

Homere confond le plus souvent les Dieux & les Démons, mais Hesiode distingue quatre especes de naturels raisonnables, les Dieux, les Démons, les demi-Dieux ou Heros, & les Hommes. Il va plus loin, il marque la durée de la vie des Démons; car ce sont des Démons, que les Nimphes dont il parle dans l'endroit que nous allons citer, & Plutarque l'entend ainsi.

Une Corneille, dit Hesiode, *vit neuf fois autant qu'un homme, un Cerf quatre fois autant qu'une Corneille; un Corbeau trois fois autant qu'un Cerf; le Phœnix neuf fois autant qu'un Corbeau, & les Nimphes enfin dix fois autant que le Phœnix.*

On ne prendroit volontiers tout ce calcul que pour une pure rêverie poëtique, indigne qu'un Philosophe y fasse aucune réflexion, & indigne même qu'un Poëte l'imite; car l'agrément lui manque autant que la verité: mais Plutarque n'est pas de cet avis. Comme il voit qu'en supofant la vie de l'homme de 70. ans, ce qui est la durée ordinaire, les Démons devroient vivre 680400. ans, & qu'il ne conçoit pas bien qu'on ait pû faire l'expérience d'une si longue vie dans les Démons, il aime mieux croire qu'Hesiode par le mot d'âge d'homme, n'a entendu qu'une année. L'interprétation n'est pas trop naturelle, mais sur ce pied là on ne conte pour la vie des Démons que 9720. ans, & alors Plutarque n'a plus de peine à concevoir comment on a pû expérimenter que les Démons vivoient ce tems-là. De plus, il remarque dans le nombre de 9720. de certaines perfections Pithagoriennes, qui le rendent tout-à-fait digne de marquer la durée de la vie des Démons. Voilà les raisonnemens de cette Antiquité si vantée.

Des Poëmes d'Homere & d'Hesiode, les Démons ont passé dans la Philosophie de Platon. Il ne peut être trop loüé de ce qu'il est celui d'entre les Grecs qui a conçû la plus haute idée de Dieu, mais cela même l'a jetté dans de faux raisonnemens. Parce que Dieu est infiniment élevé au dessus des hommes, il a crû qu'il devoit y avoir entre lui & nous des especes moyennes qui fissent la communication de deux extrëmitez si éloignées, & par le moyen desquelles l'action de Dieu passât jusqu'à nous. Dieu, disoit-il, ressemble à un triangle qui a ses trois côtez égaux, les Démons à un triangle qui n'en a que deux égaux, & les hommes à un triangle qui les a inégaux tous trois. L'idée est assez belle, il ne lui manque que d'être mieux fondée.

Mais quoi? ne se trouve-t-il pas après tout,

que Platon a raisonné juste, & ne sçavons-nous pas certainement par l'Ecriture Sainte qu'il y a des Genies Ministres des volontez de Dieu, & ses Messagers auprés des hommes? N'est-il pas admirable que Platon ait découvert cette verité par ses seules lumieres naturelles?

J'avoüe que Platon a deviné une chose qui est vraye, & cependant, je lui reproche ne l'avoir devinée. La revelation nous assûre de l'existence des Anges & des Démons, mais il n'est point permis à la raison humaine de nous en assûrer. On est embarasé de cet espace infini qui est entre Dieu & les hommes, & on le remplit de Genies & de Démons, mais dequoi remplira-t-on l'espace infini qui sera entre Dieu & les Genies, ou ces Démons mêmes? Car de Dieu à quelque créature que ce soit, la distance est infinie. Comme il faut que l'action de Dieu traverse, pour ainsi dire, ce vuide infini pour aller jusqu'aux Démons, elle poura bien aller aussi jusqu'aux hommes, puisqu'ils ne sont plus éloignez que de quelques degrez, qui n'ont nulle proportion avec ce premier éloignement. Lorsque Dieu traite avec les hommes par le moyen des Anges, ce n'est pas à dire que les Anges soient nécessaires pour cette communication, ainsi que Platon le prétendoit: Dieu les y employe pour des raisons que la Philosophie ne pénétrera jamais, & qui ne peuvent être parfaitement connuës que de lui seul.

Selon l'idée que donne la comparaison des Triangles, on voit que Platon avoit imaginé les Démons, afin que de Créature plus parfaite, en Créature plus parfaite on montât enfin jusqu'à Dieu: de sorte que Dieu n'auroit que quelques degrez de perfection par dessus la premiere des Créatures. Mais il est visible que comme elles sont toutes infiniment imparfaites à son égard, parce qu'elles sont toutes infiniment éloignées de lui, les differences de perfection qui sont entr'elles, disparoissent dés qu'on les compare avec Dieu ; ce qui les éleve les unes au dessus des autres, ne les aproche pourtant pas de lui.

Ainsi à ne consulter que la raison humaine, on n'a pas besoin des Démons, ni pour faire passer l'action de Dieu jusqu'aux Hommes, ni pour mettre entre Dieu & nous quelque chose qui aproche de lui, plus que nous ne pouvons en aprocher.

Peut-être Platon lui-même n'étoit-il pas aussi sûr de l'existence de ces Démons que les Platoniciens l'ont été depuis. Ce qui me le fait soupçonner, c'est qu'il met l'Amour au nombre des Démons, car il mêle souvent la galanterie avec la Philosophie, & ce n'est pas la galanterie qui lui réüssit le plus mal. Il dit que l'Amour est le Fils du Dieu, des Richesses, & de la Pauvreté : qu'il tient de son Pere la grandeur du courage, l'élevation des pensées, l'inclination à donner, la prodigalité, la confiance en ses propres forces, l'opinion de son mérite, l'envie d'avoir toûjours la préference : mais qu'il tient de sa Mere cette indigence qui fait qu'il demande toûjours, cette importunité avec laquelle il demande, cette timidité qui l'empêche quelquefois d'oser demander, cette disposition qu'il a à la servitude, & cette crainte d'être méprisé qu'il ne peut jamais perdre. Voilà, à mon sens, une des plus jolies Fables qui se soient jamais faites. Il est plaisant que Platon en fit quelquefois d'aussi galantes & d'aussi agréables qu'auroit pû faire Anacréon lui-même, & quelquefois aussi ne raisonnât pas plus solidement qu'auroit fait Anacréon. Cette origine de l'Amour explique parfaitement bien toutes les bizarreries de sa nature; mais aussi on ne sçait plus ce que c'est que les Démons, du moment que l'Amour en est un. Il n'y a pas d'aparence que Platon ait entendu cela dans un sens naturel & philosophique, ni qu'il ait voulu dire que l'Amour fût un Etre hors de nous, qui habitât les Airs. Assurément il l'a entendu dans un sens galant, & alors il me semble qu'il nous permet de croire que tous ses Démons sont de la même espece que l'Amour, & puis qu'il mêle de gayeté de cœur des Fables dans son Sistême, il ne se soucie pas beaucoup que le reste de son Sistême passe pour fabuleux. Jusqu'ici nous n'avons fait que répondre aux raisons qui ont fait croire que les Oracles avoient quelque chose de surnaturel, commençons presentement à attaquer cette opinion.

CHAPITRE VII.

Que de grandes Sectes de Philosophes Payens n'ont point crû qu'il y eût rien de surnaturel dans les Oracles.

SI au milieu de la Grece même où tout retentissoit d'Oracles, nous avions soutenu que ce n'étoient que des impostures, nous n'aurions étonné personne par la hardiesse de ce Paradoxe, & nous n'aurions point eu besoin de prendre des mesures pour le debiter secrettement. La Philosophie s'étoit partagée sur le fait des Oracles, les Platoniciens & les Stoïciens tenoient leur parti ; mais les Ciniques, les Peripateticiens, & les Epicuriens s'en mocquoient hautement. Ce qu'il y avoit de miraculeux dans les Oracles, ne l'étoit pas tant que la moitié des Sçavans de la Grece ne fussent encore en liberté de n'en rien croire, & cela malgré le préjugé commun à tous les Grecs ; ce qui mérite d'être conté pour quelque chose.

Eusebe * nous dit que six cens personnes d'entre les Payens avoient écrit contre les Oracles, mais je croi qu'un certain Oenomaüs dont il nous parle, & dont il nous a conservé quelques Fragmens, est un de ceux dont les Ouvrages méritent le plus d'être regretez.

Il y a plaisir à voir dans ces Fragmens qui nous restent, cet Oenomaüs plein de la liberté Cinique, argumenter sur chaque Oracle contre le Dieu qui l'a rendu, & se prendre lui-même à partie. Voici, par exemple, comment il traite le Dieu de Delphe, sur ce qu'il avoit répondu à Crésus.

Crésus en passant le Fleuve Halis renversera un grand Empire.

En effet, Crésus en passant le Fleuve Halis attaqua Cirus, qui comme tout le monde sçait, vint fondre sur lui, & le dépoüilla de tous ses Etats.

Tu t'étois vanté dans un autre Oracle rendu à Crésus, dit Oenomaüs à Apollon, *que tu sçavois le nombre des grains de sable, tu t'étois bien fait valoir sur ce que tu voyois de Delphes cette*

* L. 4. de la Prép. Evang.

H iiij

Tortuë que Créſus faiſoit cuire en Lidie, dans le même moment. Voilà de belles connoiſſances pour en être ſi ſur. Quand on te vient conſulter ſur le ſuccez qu'aura la Guerre de Créſus & de Cirus, tu demeures court. Car ſi tu lis dans l'avenir ce qui en arrivera, pourquoi te ſers-tu de façons de parler qu'on ne peut entendre ? Ne ſçais-tu point qu'on ne les entendra pas ? Si tu le ſçais, tu te plais donc à te jetter de nous, ſi tu ne le ſçais point, aprends de nous qu'il faut parler plus clairement, & qu'on ne s'entend point. Je te dirai même que ſi tu as voulu te ſervir d'équivoques, le mot Grec par lequel tu exprimes que Créſus renverſera un grand Empire, n'eſt pas bien choiſi, & qu'il ne peut ſignifier que la victoire de Créſus ſur Cirus. S'il faut néceſſairement que les choſes arrivent, pourquoi nous amuſer avec tes ambiguitez ? Que fais-tu à Delphes, malheureux ; occupé comme tu es, à nous chanter des Propheties inutiles ? Pourquoi tous ces Sacrifices que nous te faiſons ? Quelle fureur nous poſſede ?

Mais Oenomaüs eſt encore de plus mauvaiſe humeur ſur cet Oracle que rendit Apollon aux Atheniens, lorſque Xerxes fondit ſur la Grece avec toutes les forces de l'Aſie. La Pithie leur donna pour réponſe, que Minerve, protectrice d'Athenes, tâcho. en vain par toutes ſortes de moyens d'apaiſer la colere de Jupiter : que cependant Jupiter en faveur de ſa Fille, vouloit bien ſouffrir que les Atheniens ſe ſauvaſſent dans des murailles de bois, & que Salamine verroit la perte de beaucoup d'enfans chers à leurs meres, ſoit quand Cerés ſeroit diſperſée, ſoit quand elle ſeroit ramaſſée.

Sur cela Oenomaüs perd entierement le reſpect pour le Dieu de Delphes. Ce combat du Pere & de la Fille, dit-il, ſied bien à des Dieux ! il est beau qu'il y ait dans le Ciel des inclinations & des intérêts si contraires ! Jupiter est courroucé contre Athenes ; il a fait venir contr'elle toutes les forces de l'Asie ; mais s'il n'a pas pû la ruiner autrement, s'il n'avoit plus de foudres, s'il a été réduit à emprunter des forces étrangeres, comment a-t-il eu le pouvoir de faire venir contre cette Ville toutes les forces de l'Asie ? Aprés cela cependant il permet qu'on se sauve dans des murailles de bois ; sur qui donc tombera sa colere ? sur des pierres ? Beau Devin, tu ne sçais point à qui seront ces Enfans dont Salamine verra la perte, s'ils seront Grecs ou Perses, il faut bien qu'ils soient de l'une ou de l'autre Armée ; mais ne sçais-tu point du moins qu'on verra que tu ne le sçais point ? Tu cache le tems de la Bataille sous ces belles expressions poëtiques, soit quand Cerés sera dispersée, soit quand elle sera ramassée ; tu veux nous éblouïr par ce langage pompeux. Mais ne sçait-on pas bien qu'il faut qu'une Bataille navale se donne au tems des Semailles, ou de la Moisson ? Aparemment ce ne sera pas en hiver. Quoi qu'il arrive, tu te tireras d'affaire par le moyen de ce Jupiter que Minerve tâche d'apaiser. Si les Grecs perdent la Bataille, Jupiter a été inexorable ; s'ils la gagnent, Jupiter s'est enfin laissé fléchir. Tu dis, Apollon qu'on fuye dans des murs de bois, tu conseilles, tu ne devines pas. Moi qui ne sçai point deviner, j'en eusse bien dit autant, j'eusse bien jugé que l'effort de la Guerre seroit tombé sur Athenes, & que puisque les Atheniens avoient des Vaisseaux, le meilleur pour eux étoit d'abandonner leur Ville, & de se mettre tous sur la Mer.

 Telle étoit la vénération qu'de grandes Sectes de Philosophes avoient pour les Oracles, & pour les Dieux mêmes qu'on en croyoit auteurs. Il est assez plaisant que

H v

toute la Religion Payenne ne fût qu'un Problême de Philosophie. Les Dieux prennent-ils soin des affaires des hommes ? N'en prennent-ils pas soin ? Cela est essentiel, il s'agit de sçavoir si on les adorera, ou si on les laissera là sans aucun culte ; tous les peuples ont déja pris le parti d'adorer, on ne voit de tous côtez que Temples, que Sacrifices ; cependant une grande Secte de Philosophes soûtient publiquement que ces Sacrifices, ces Temples, ces Adorations sont autant de choses inutiles, & que les Dieux loin de s'y plaire, n'en ont aucune connoissance. Il n'y a point de Grec qui n'aille consulter les Oracles sur ses affaires ; mais cela n'empêche pas que dans trois grandes Ecoles de Philosophie, on ne traite hautement les Oracles d'impostures.

Qu'il me soit permis de pousser un peu plus loin cette réflexion, elle poura servir à faire entendre ce que c'étoit que la Religion chez les Payens. Les Grecs en general avoient extrêmement de l'esprit ; mais ils étoient fort legers, curieux, inquiets, incapables de se modérer sur rien ; & pour dire tout ce que j'en pense, ils avoient tant d'esprit, que leur raison en souffroit un peu. Les Romains étoient d'un autre caractere ; Gens solides, serieux, apliquez ; qui sçavoient suivre un principe, & prévoir de loin une consequence. Je ne serois pas surpris que les Grecs, sans songer aux suites, eussent traité étourdiment le pour & le contre de toutes choses, qu'ils eussent fait des Sacrifices, en disputant si les Sacrifices pouvoient toucher les Dieux, & qu'ils eussent consulté les Oracles, sans être assurez que les Oracles ne fussent pas de pures illusions.

Aparamment les Philosophes s'interessoient assez peu au gouvernement pour ne se pas soucier de choquer la Religion dans leurs disputes, & peut-être le peuple n'avoit pas assez de foi aux Philosophes pour abandonner la Religion, ni pour y rien changer sur leur parole; & enfin la passion dominante des Grecs étoit de discourir sur toutes les matieres à quelque prix que ce pût être. Mais il est sans doute plus étonnant que les Romains, & les plus habiles d'entre les Romains, & ceux qui sçavoient le mieux combien la Religion tiroit à consequence pour la politique, ayent osé publier des Ouvrages, où non seulement ils mettoient leur Religion en question, mais même la tournoient entierement en ridicule. Je parle de Ciceron, qui dans ses Livres de la Divination, n'a rien épargné de ce qui étoit le plus Saint à Rome. Aprés qu'il a fait voir assez vivement à ceux contre qui il dispute, qu'elle extrême folie c'étoit que de consulter des entrailles d'Animaux, il les réduit à répondre, que les Dieux qui sont tout-puissans, changent ces entrailles dans le moment du Sacrifice, afin de marquer par elles leur volonté, & l'avenir. Cette réponse étoit de Chrisippe, d'Antipater, & de Possidonius, tous grands Philosophes, & Chefs du parti des Stoïciens. *Ah! que dites-vous*, reprend Ciceron, *il n'y a point de Vieilles si crédules que vous. Croyez-vous que le même Veau ait le foye bien disposé, s'il est choisi pour le Sacrifice par une certaine personne, & mal disposé, s'il est choisi par une autre? Cette disposition de foye peut-elle changer en un instant, pour s'accommoder à la fortune de ceux qui sacrifient? Ne voyez-vous pas que c'est le hazard qui fait* le choix des Victimes ? L'expérience même ne vous l'aprend-elle pas ? Car souvent les entrailles d'une Victime sont tout-à-fait funestes, & celles de la Victime qu'on immole immédiatement après, sont les plus heureuses du monde. Que deviennent les menaces de ces premieres entrailles ? ou comment les Dieux se sont-ils apaisez si promptement ? Mais vous dites qu'un jour il ne se trouva point de cœur à un Bœuf que Cesar sacrifioit, & que comme cet animal ne pouvoit pas pourtant vivre sans en avoir un, il faut nécessairement qu'il se soit retiré dans le moment du Sacrifice. Est-il possible que vous ayez assez d'esprit pour voir qu'un Bœuf n'a pû vivre sans cœur, & que vous n'en ayez pas assez pour voir que ce cœur n'a pû en un moment s'envoler je ne sçai où ? Et un peu après il ajoûte : Croyez-moi, vous ruïnez toute la Phisique pour défendre l'Art des Aruspices. Car ce ne sera pas le cours ordinaire de la Nature qui fera naître & mourir toutes choses, & il y aura quelques corps qui viendront de rien, & retourneront dans le néant. Quel Phisicien a jamais soûtenu cette opinion ? il faut pourtant que les Aruspices la soûtiennent.

Je ne donne ce passage de Ciceron que comme un exemple de l'extrême liberté avec laquelle il insultoit à la Religion qu'il suivoit lui-même : En mille autres endroits il ne fait pas plus de graces aux Poulets sacrez, au vol des Oiseaux, & à tous les miracles, dont les Annales des Pontifes étoient remplies.

Pourquoi ne lui faisoit-on pas son procez sur son impieté ? pourquoi tout le peuple ne le regardoit-il pas avec horreur ? pourquoi tous les Colléges des Prêtres ne s'élevoient-ils pas contre lui ; il y a lieu de croire que chez les Payens la Religion n'étoit qu'une pratique, dont la speculation étoit indifferente. Faites comme les autres, & croyez ce qu'il vous plaira. Ce principe est fort extravagant; mais le Peuple qui n'en reconnoissoit pas l'impertinence, s'en contentoit, & les gens d'esprit s'y soumettoient aisement, parce qu'ils ne les gênoit guere.

Aussi voit-on que toute la Religion Payenne ne demandoit que des cérémonies, & nuls sentimens du cœur. Les Dieux sont irritez, tous leurs foudres sont prêts à tomber, comment les apaiser-t-on? Faut-il se repentir des crimes qu'on a commis? Faut-il rentrer dans les voyes de la justice naturelle qui devroit être entre tous les hommes? Point du tout. Il faut seulement prendre un Veau de telle couleur, né en tel tems, l'égorger avec un tel couteau, & cela desarmera tous les Dieux. Encore vous est-il permis de vous moquer en vous-mêmes du Sacrifice, si vous voulez, il n'en ira pas plus mal.

Aparemment il en étoit de même des Oracles, y croyoit qui vouloit, mais on ne laissoit pas de les consulter. La coûtume a sur les hommes une force qui n'a nullement besoin d'être apuyée de la raison.

CHAPITRE VIII.

Que d'autres que des Philosophes ont aussi assez souvent fait peu de cas des Oracles.

LEs Histoires sont pleines d'Oracles, ou méprisez par ceux qui les recoivent, ou modifiez à leur fantaisie. * Pactias Lidien, &

---

* *Herodote l. 1.*

Sujet des Perses, s'étant refugié à Cumes, Ville Grecque, les Perses ne manquerent pas d'envoyer demander qu'on le leur livrât. Les Cumées firent aussi-tôt consulter l'Oracle des Branchides, pour sçavoir comment ils en devoient user. L'Oracle répondit qu'ils livrassent Pactias. Aristodicus un des premiers de Cumes, qui n'étoit pas de cet avis, obtint par son crédit qu'on envoyât une seconde fois vers l'Oracle, & même il se fit mettre du nombre des Députez. L'Oracle ne lui fit que la réponse qu'il avoit déja faite. Aristodicus peu satisfait, s'avisa en se promenant autour du Temple, d'en faire sortir de petits oiseaux qui y faisoient leurs nids. Aussi-tôt il sortit du Sanctuaire une voix qui lui crioit: *Détestable Mortel, qui te donne la hardiesse de chasser d'ici ceux qui sont sous ma protection? Et quoi Grand Dieu*, répondit bien vîte Aristodicus, *vous nous ordonnez bien de chasser Pactias qui est sous la nôtre? Oüi je vous l'ordonne*, reprit le Dieu, *afin que vous qui êtes des Impies, vous perissiez plûtôt, & que vous ne veniez plus importuner les Oracles sur vos affaires.*

Il paroît bien que le Dieu étoit poussé à bout, puis qu'il avoit recours aux injures: mais il paroît bien aussi qu'Aristodicus ne croyoit pas trop que ce fût un Dieu qui rendit ces Oracles; puis qu'il cherchoit à l'attraper par la comparaison des oiseaux; & après qu'il l'eût attrapé en effet, aparemment il le crût moins Dieu que jamais. Les Cuméens eux-mêmes n'en devoient être guere persuadez, puis qu'ils croyoient qu'une seconde Députation pouvoit le faire dédire, ou que du moins, il penseroit mieux à ce qu'il devoit répondre. Je remarque ici en passant, que puis qu'Aristodicus tendoit un piege à ce

Dieu, il faloit qu'il eût prévû qu'on ne lui laisseroit pas chasser les oiseaux d'un azile si Saint sans en rien dire, & que par conséquent les Prêtres étoient extrêmement jaloux de l'honneur de leurs Temples.

* Ceux d'Egine ravageoient les côtes de l'Attique, & les Atheniens se préparoient à une Expedition contre Egine, lors qu'il leur vint de Delphes un Oracle, qui les menaçoit d'une ruïne entiere, s'ils faisoient la Guerre aux Eginetes plûtôt que dans trente ans; mais ces trente ans passez, ils n'avoient qu'à bâtir un Temple à Eaque, & entreprendre la Guerre, & alors tout leur devoit réüssir. Les Atheniens qui brûloient d'envie de se vanger, couperent l'Oracle par la moitié; ils n'y déferèrent qu'en ce qui regardoit le Temple d'Eaque, ils le bâtirent sans retardement; mais pour les trente ans, ils s'en moquerent, ils allerent aussi-tôt attaquer Egine, & eurent tout l'avantage. Ce n'est point un particulier qui a si peu d'égard pour les Oracles, c'est tout un Peuple, & un Peuple très superstitieux.

Il n'est pas trop aisé de dire comment les Peuples Payens regardoient leur Religion. Nous avons dit qu'ils se contentoient que les Philosophes se soûmissent aux Ceremonies, cela n'est pas tout-à-fait vrai. Je ne sçache point que Socrate refusât d'offrir de l'encens aux Dieux, ni de faire son personnage comme les autres dans les Fêtes publiques; cependant le peuple lui fit son procez sur les sentimens particuliers qu'on lui imputoit en matiere de Religion, & qu'il faloit presque deviner en lui, parce qu'il ne s'en étoit ja-

* *Herodote l. 5.*

mais expliqué ouvertement. Le Peuple entroit donc en connoissance de ce qui se traitoit dans les Ecoles de Philosophie, & comment souffroit-il qu'on y soûtint hautement tant d'opinions contraires au culte établi, & souvent à l'existence même des Dieux? Du moins il sçavoit parfaitement ce qui se joüoit sur les Teâtres. Ces Spectacles étoient faits pour lui; & il est sûr que jamais les Dieux n'ont été traitez avec moins de respect que dans les Comedies d'Aristophane. Mercure dans le Plutus vient se plaindre de ce qu'on a rendu la vûë au Dieu des Richesses, qui auparavant étoit aveugle, & de ce que Plutus commençant à favoriser également tout le monde, les autres Dieux à qui on ne fait plus de Sacrifices pour avoir du bien, meurent tout de faim. Il pousse la chose jusqu'à demander un Emploi, quel qu'il soit, dans une maison bourgeoise, pour avoir du moins de quoi manger. Les Oiseaux d'Aristophane sont encore bien libres. Toute la Piece roule sur ce qu'une certaine Ville des Oiseaux que l'on a dessein de bâtir dans les Airs, interromproit le commerce qui est entre les Dieux & les hommes, rendroit les Oiseaux maîtres de tout, & réduiroit les Dieux à la derniere misere. Je vous laisse à juger si tout cela est bien dévot. Ce fut pourtant ce même Aristophane qui commença à exciter le Peuple contre la prétenduë impieté de Socrate. Il y a là je ne sçai quoi d'inconcevable, qui se trouve si souvent dans les affaires du monde.

Il est toûjours constant par ces exemples, & il le seroit encore par une infinité d'autres, s'il en étoit besoin, que le Peuple étoit quelquefois d'humeur à écouter des plaisanteries sur sa Religion. Il en pratiquoit le Ceremonies seulement pour se delivrer des inquietudes qu'il eût pû avoir, en ne les pratiquant pas ; mais au fond il ne paroît pas qu'il y eût trop de foi. A l'égard des Oracles, il en usoit de même. Le plus souvent il les consultoit pour n'avoir plus à les consulter ; & s'ils ne s'accommodoient pas à ses desseins, ils ne se gênoit pas beaucoup pour leur obéïr. Ainsi ce n'étoit peut-être pas une chose si constante, même parmi le Peuple, que les Oracles fussent rendus pas des Divinitez.

Après cela, il seroit fort inutile de raporter des Histoires des grands Capitaines, qui ne se sont pas fait une affaire de passer par dessus des Oracles ou des Auspices. Ce qu'il y a de remarquable, c'est que cela s'est pratiqué même dans les premiers Siécles de la Republique Romaine ? dans ces tems d'une heureuse grossiereté, où l'on étoit si scrupuleusement attaché à la Religion, & où, comme dit Tite-Live dans l'endroit même que nous allons citer de lui, on ne connoissoit point encore cette Philosophie qui aprend à mépriser les Dieux. * Papirius faisoit la Guerre aux Samnites, & dans les conjonctures où l'on étoit, l'Armée Romaine souhaitoit avez une extrême ardeur, que l'on en vint à un combat. Il falut auparavant consulter les Poulets sacrez, & l'envie de combattre étoit si generale, que quoi que les Poulets ne mangeassent point quand on les mit hors de la cage, ceux qui avoient soin d'observer l'Auspice ne laisserent pas de raporter au Consul qu'ils avoient fort bien mangé. Sur cela le Consul promet en même-tems à ses Sol-

* *Tite-Live, l. 29.*

dats & la Bataille & la Victoire. Cependant il y eût contestation entre les Gardes des Poulets sur cet Auspice qu'on avoit raporté à faux. Le bruit en vint jusqu'à Papirius, qui dit qu'on lui avoit raporté un Auspice favorable, & qu'il s'en tenoit-là; que si on ne lui avoit pas dit la verité, c'étoit l'affaire de ceux qui prenoient les Auspices, & que tout le mal devoit tomber sur leur tête. Aussi-tôt il ordonna qu'on mît ces malheureux aux premiers rangs, & avant que l'on eût encore donné le signal de la Bataille, un trait partit, sans que l'on sçût de quel côté, & alla percer le Garde des Poulets qui avoit raporté l'Auspice à faux. Dés que le Consul sçût cette nouvelle, il s'écria: *Les Dieux sont ici presens, le criminel est puni, ils ont déchargé toute leur colere sur celui qui la méritoit, nous n'avons plus que des sujets d'esperance.* Aussi-tôt il fit donner le signal, & il remporta une victoire entiere sur les Samnites.

Il y a bien de l'aparence que les Dieux eurent moins de part que Papirius à la mort de ce pauvre Garde des Poulets, & que ce General eût voulu tirer un sujet de rassurer ses Soldats, que le faux Auspice pouvoit avoir ébranlez. Les Romains sçavoient déja de ces sortes de tours dans le tems de leur plus grande simplicité.

Il faut donc avoüer que nous aurions grand tort de croire ni les Auspices, ni les Oracles plus miraculeux que les Payens ne les croyoient eux-mêmes. Si nous n'en sommes pas aussi desabusez que quelques Philosophes, & que quelques Generaux d'Armée, soyons-lé du moins autant que le Peuple l'étoit quelquefois.

Mais tous les Payens méprisoient-ils les Oracles ? Non, sans doute. Et bien, quelques particuliers qui n'y ont point eu d'égard, suffisent-ils pour les décréditer entierement ? A l'autorité de ceux qui n'y croyoient pas, il ne faut qu'opofer l'autorité de ceux qui y croyoient.

Ces deux autoritez ne sont pas égales. Le témoignage de ceux qui croyent une chose déja établie, n'a point de force pour l'apuyer, mais le témoignage de ceux qui ne la croyent pas, a de la force pour la détruire. Ceux qui croyent, peuvent n'être pas instruits des raisons de ne point croire, mais il ne se peut guere que ceux qui ne croyent point, ne soient pas instruits des raisons de croire.

C'est tout le contraire quand la chose s'établit ; le témoignage de ceux qui la croyent, est de soi-même plus fort que le témoignage de ceux qui ne la croyent point ; car naturellement ceux qui la croyent, doivent l'avoir examiné : & ceux qui ne la croyent point, peuvent ne l'avoir pas fait.

Je ne veux pas dire que dans l'un ni dans l'autre cas, l'autorité de ceux qui croyent, ou ne croyent point, soit de décision : je veux dire seulement que si on n'a point d'égard aux raisons sur lesquelles les deux partis se fondent, l'autorité des uns est tantôt plus recevable, & tantôt celle des autres. Cela vient en general, de ce que pour quitter une opinion commune, ou pour en recevoir une nouvelle, il faut faire quelque usage de sa raison, bon ou mauvais, mais il n'est point besoin d'en faire aucun pour rejetter une opinion nouvelle, ou pour en prendre une qui est commune. Il faut des forces pour résister au torrent, mais il n'en faut point pour le suivre.

Et il n'importe sur le fait des Oracles, que parmi ceux qui y croyoient quelque chose de divin & de surnaturel, il se trouve des Philosophes d'un grand nom, tels que les Stoïciens. Quand les Philosophes s'entêtent une fois d'un préjugé; ils sont plus incurables que le peuple même, parce qu'ils s'entêtent également & du préjugé, & des fausses raisons dont ils le soûtiennent. Les Stoïciens en particulier, malgré le faste de leur Secte, avoient des opinions qui font pitié. Comment n'eussent-ils pas crû aux Oracles? Ils croyoient bien aux Songes. Le grand Chrisippe de retranchoit de sa créance aucun des points qui entroient dans celle de la moindre Femmelette.

CHAPITRE IX.

Que les anciens Chrétiens eux-mêmes n'ont pas trop crû que les Oracles fussent rendus par les Démons.

Quoi qu'il paroisse que les Chrétiens Sçavans des premiers Siecles aimassent assez à dire que les Oracles étoient rendus par les Démons, ils ne laissoient pas de reprocher souvent aux Payens qu'ils étoient joüez par leurs Prêtres. Il faloit que la chose fût bien vraye, puis qu'ils le publioient aux dépens de ce Sistême des Démons, qu'ils croyoient leur être si favorables.

Voici comment parle Clement Alexandrin au troisième Livre des Tapisseries. *Vante nous, si tu veux, ces Oracles pleins de folie & d'impertinente, ceux de Claros, d'Apollon Pithien,* de Didime, d'Amphiaraüs, d'Amphilocus. Tu peux encore y ajoûter les Augures, & les interpretes des Songes, & des Prodiges. Fais-nous paroître aussi devant l'Apollon Pithien, ces gens qui devinoient par la Farine ou par l'Orge, & ceux qui ont été si estimez, parce qu'ils parloient du ventre. Que les Secrets des Temples des Egyptiens, & que la Necromantie des Etrusques demeurent dans les tenebres ; toutes ces choses ne sont certainement que des Impostures extravagantes, & de pures tromperies, pareilles à celles de jeux de dez. Les Chévres qu'on a dressées à la Divination, & les Corbeaux qu'on a instruits à rendre des Oracles, ne sont, pour ainsi dire, que les associez de ces Charlatans qui fourbent tous les hommes.

Eusebe, au commencement du quatriéme Livre de sa Preparation Evangelique, propose dans toute leur étenduë les meilleures raisons qui soient au monde, pour prouver que tous les Oracles ont pû n'être que des Impostures, & ce n'est que sur ces mêmes raisons que je prétends m'apuyer dans la suite, quand je viendrai au détail des fourberies des Oracles.

J'avouë cependant que quoi qu'Eusebe sçût si bien tout ce qui pouvoit empêcher qu'on les crût surnaturels, il n'a pas laissé de les attribuer aux Démons, & il semble que l'autorité d'un homme si bien instruit des raisons des deux partis, est d'un grand préjugé pour le parti qu'il embrasse.

Mais remarquez qu'Eusebe après avoir fort bien prouvé que les Oracles ont pû n'être que des Impostures des Prêtres, assure, sans détruire ni affoiblir ces premieres preuves, qu'ils ont pourtant été le plus souvent rendus par des Démons. Il faloit qu'il aportât quelque Oracle non suspect, & rendu dans de telles circonstances que quoi que beaucoup d'autres pussent être imputez à l'artifice des Prêtres, celui-là n'y pût jamais être imputé ; mais c'est ce qu'Eusebe ne fait point du tout. Je voi bien que tous les Oracles peuvent n'avoir été que des fourberies, mais je ne le veux pourtant pas croire. Pourquoi ? parce que je suis bien aise d'y faire entrer les Démons. Voilà une assez pitoyable espece de raisonnement. Ce seroit autre chose si Eusebe dans les circonstances des tems où il s'est trouvé n'avoit osé dire ouvertement que les Oracles ne fussent pas l'ouvrage des Démons ; mais qu'en faisant semblant de le soûtenir, il eût insinué le contraire avec le plus d'adresse qu'il eût pû.

C'est à nous à croire l'un ou l'autre, selon que nous estimerons plus ou moins Eusebe. Pour moi, je croi voir clairement que dans l'endroit dont il est question, il n'y a placé les Démons que par maniere d'acquit, & par un respect forcé qu'il a eu pour l'opinion commune.

Un passage d'Origene dans son Livre septiéme contre Celse, prouve assez bien qu'il n'attribuoit les Oracles aux Démons que pour s'accommoder au tems, & à l'état où étoit alors cette grande dispute entre les Chrétiens & les Payens. *Je pourois, dit-il, me servir de l'autorité d'Aristote & des Peripateticiens, pour rendre la Pithie fort suspecte ; je pourois tirer des écrits d'Epicure & de ses Sectateurs une infinité de choses qui décrediteroient les Oracles, & je ferois voir aisément que les Grecs eux-mêmes n'en faisoient pas trop de cas ; mais j'accorde que ce n'étoient point des fictions ni des impostures ; voyons si en ce cas-là même, à examiner la chose de prés, il seroit besoin que quel-*

*que Dieu s'en fut mêlé, & s'il ne seroit pas plus rai-
sonnable d'y faire présider de mauvais Démons, & des
Genies ennemis du Genre humain.*

Il paroît assez que naturellement Origene
eût cru des Oracles ce que nous en croyons;
mais les Payens qui les produisoient pour un
titre de la Divinité de leur Religion, n'a-
voient garde de consentir qu'ils ne fussent
qu'un artifice de leurs Prêtres. Il faloit donc
pour gagner quelque chose sur les Payens,
leur accorder ce qu'ils soûtenoient si opiniâ-
trement, & leur faire voir que quand même
il y auroit eu du surnaturel dans les Oracles
ce n'étoit pas à dire que la vraye Divinité y
eût eu part, & alors on étoit obligé de mettre les Démons en jeu.

Il est vrai qu'absolument parlant, il valoit
mieux en exclure tout-à-fait les Démons, &
que l'on eût donné par là une plus grande atteinte à la Religion Payenne, mais tout le
monde ne pénétroit peut-être pas si avant
dans cette matiere, & l'on croyoit faire bien
assez, lorsque par l'hipothése des Démons,
qui satisfaisoit à tout avec deux paroles, on
rendoit inutiles aux Payens toutes les choses
miraculeuses qu'ils pouvoient jamais allé-
guer en faveur de leur faux culte.

Voilà aparemment ce qui fut cause que
dans les premiers Siécles de l'Eglise on em-
brassa si generalement ce Sistême sur les Oracles. Nous perçons encore assez dans les tenebres d'une antiquité si éloignée, pour y
démêler que les Chrétiens ne prenoient pas
tant cette opinion à cause de la verité qu'ils y
trouvoient, qu'à cause de la facilité qu'elle
leur donnoit à combattre le Paganisme : Et
s'ils renaissoient dans le tems où nous sommes, délivrez comme nous des raisons étran-

geres qui les determinoient à ce parti, je ne doute point qu'ils ne suivissent presque tous le nôtre.

Jusqu'ici nous n'avons fait que lever les préjugez qui sont contraires à nôtre opinion, & que l'on tire ou du Sistême de la Religion Chrétienne, ou de la Philosophie ou du sentiment general des Payens, & des Chrétiens même. Nous avons repondu à tout cela, non pas en nous tenant simplement sur la défensive, mais le plus souvent même en at aquant. Il faut presentement attaquer encore avec plus de force, & faire voir par toutes les circonstances particulieres qu'on peut remarquer dans les Oracles, qu'ils n'ont jamais merité d'être attribuez à des Genies.

CHAPITRE X.

Oracles corrompus.

ON corompoit les Oracles avec une facilité qui faisoit bien voir qu'on avoit à faire à des hommes. *La Pithie Philippise*, disoit Demosthene, lors qu'il se plaignoit que les Oracles de Delphes étoient toûjours conformes aux interêts de Philippe.

* Quand Cleomene Roy de Sparte voulut depoüiller de la Royauté Demarate l'autre Roi, sous prétexte qu'il n'étoit pas Fils d'Ariston son Predecesseur, & qu'Ariston lui-même s'étoit plaint qu'il lui étoit né trop peu de tems après son mariage, on envoya à l'Oracle sur une question si difficile, & en effet elle étoit de la nature de celles qui ne

peuvent

* *Herodote l. 6.*

peuvent être décidées que par les Dieux. Mais Cleomene avoit pris les devans auprès de la Superieure des Prêtresses de Delphes ; elle déclara que Demarate n'étoit point Fils d'Ariston. La fourberie fût découverte quelque-tems après, & la Prêtresse privée de sa Dignité. Il faloit bien venger l'honneur de l'Oracle, & tâcher de le réparer.

* Pendant qu'Hippias étoit Tiran d'Athenes, quelques Citoyens qu'il avoit bannis, obtinrent de la Pithie à force d'argent, que quand il viendroit des Lacedemoniens la consulter sur quoi que ce pût être, elle leur dit toûjours qu'ils eussent à délivrer Athenes de la tirannie. Les Lacedemoniens, à qui on redisoit toûjours la même chose à tout propos, crurent enfin que les Dieux ne leur pardonneroient jamais de mépriser des ordres si fréquens, & prirent les armes contre Hippias, quoi qu'il fût leur allié.

Si les Démons rendoient les Oracles, les Démons ne manquoient pas de complaisance pour les Princes qui étoient une fois devenus redoutables, & on peut remarquer que l'Enfer avoit bien des égards pour Alexandre & pour Auguste. Quelques Historiens disent nettement qu'Alexandre voulut d'autorité absoluë être Fils de Jupiter Hammon, & pour l'interêt de sa vanité, & pour l'honneur de sa Mere qui étoit soupçonnée d'avoir eu quelque Amant moins considérable que Jupiter. On y ajoûte qu'avant que d'aller au Temple, il fit avertir le Dieu de sa volonté, & que le Dieu l'executa de fort bonne grace. Les autres Auteurs tiennent tout au moins que les

Tome I. I

* *Herodote l. 5.*

Prêtres imaginerent d'eux-mêmes ce moyen de flatter Alexandre. Il n'y a que Plutarque qui fonde toute cette Divinité d'Alexandre sur une méprise du Prêtre d'Hammon, qui en saluant ce Roy, & lui voulant dire en Grec, *O mon Fils*, prononça dans ces mots une S au lieu d'une N, parce qu'étant Libien il ne sçavoit pas trop bien prononcer le Grec, & ces mots avec ce changement signifioient, *O Fils de Jupiter*. Toute la Cour ne manqua pas de reveler cette faute du Prêtre à l'avantage d'Alexandre, & sans doute le Prêtre lui-même la fit passer pour une inspiration du Dieu qui avoit conduit sa langue, & confirma par des Oracles sa mauvaise prononciation. Cette derniere façon de conter l'Histoire est peut-être la meilleure; les petites origines conviennent assez aux grandes choses.

Auguste fut si amoureux de Livie, qu'il l'enleva à son mari toute grosse qu'elle étoit, & ne se donna pas le loisir d'attendre qu'elle fût accouchée pour l'épouser. Comme l'action étoit un peu extraordinaire, * on consulta l'Oracle. L'Oracle qui sçavoit faire sa cour, ne se contenta pas de l'aprouver; il assûra que jamais un Mariage ne réüssissoit mieux que quand on épousoit une personne déja grosse. Voilà pourtant, ce me semble, un étrange maxime.

Il n'y avoit à Sparte que deux Maisons dont on pût prendre des Rois. Lisander, un des plus grands hommes que Sparte ait jamais eus, forma le dessein d'ôter cette distinction trop avantageuse à deux Familles, & trop injurieuse à toutes les autres, & d'ouvrir le chemin de la Royauté à tous ceux qui

---

* *Prudence.*

se sentiroient assez de mérite pour y prétendre. Il fit pour cela un plan si composé, & qui embrassoit tant de choses, que je ne m'étonne qu'un homme d'esprit en ait pû esperer quelque succez. Plutarque dit fort bien que c'étoit comme une Démonstration de Mathematique, à laquelle on n'arrive que par de longs circuits. Il y avoit une Femme dans le Pont, qui prétendoit être grosse d'Apollon. Lisander jetta les yeux sur ce Fils d'Apollon, pour s'en servir quand il seroit né. C'étoit avoir des vûës bien étenduës. Il fit courir le bruit que les Prêtres de Delphes gardoient d'anciens Oracles, qu'il ne leur étoit pas permis de lire, parce qu'Apollon avoit réservé ce droit à quelqu'un qui seroit sorti de son Sang, & qui viendroit à Delphes faire reconnoître sa naissance. Ce Fils d'Apollon devoit être le petit Enfant de Pont, & parmi ces Oracles si misterieux, il y en devoit avoir qui eussent annoncé aux Spartiates, qu'il ne faloit donner la Couronne qu'au mérite, sans avoir égard aux Familles. Il n'étoit plus question que de composer les Oracles, de gagner le Fils d'Apollon, qui s'apelloit Silenus, de le faire venir à Delphes, & de corrompre les Prêtres. Tout cela étoit fait, ce qui me paroît fort surprenant : car quelles machines n'avoit-il pas falu faire joüer ? Déja Silenus étoit en Grece, & il se préparoit à s'aller faire reconnoître à Delphes pour Fils d'Apollon, mais malheureusement un des Ministres de Lisander fut effrayé, quoi que tard, de se voir embarqué dans une affaire si délicate, & il rüina tout.

On ne peut guere voir un exemple plus remarquable de la corruption des Oracles, mais en le raportant, je ne veux pas dissimuler ce que mon Auteur diſſimule, c'eſt que Liſander avoit déja eſſayé de corrompre beaucoup d'autres Oracles, & n'en avoit pû venir à bout. Dodone avoit reſiſté à ſon argent. Jupiter Hammon avoit été inflexible, & même les Prêtres du lieu députerent à Sparte pour accuſer Liſander, mais il ſe tira d'affaire par ſon credit. La grande Prêtreſſe même de Delphes avoit refuſé de lui vendre ſa voix, & cela me fait croire qu'il y avoit à Delphes deux Colleges qui n'avoient rien de commun, l'un de Prêtres, & l'autre de Prêtreſſes ; car Liſander qui ne pût corrompre la grande Prêtreſſe, corrompit bien les Prêtres. Les Prêtreſſes étoient les ſeules qui rendiſſent des Oracles de vive voix, & qui fiſſent les enragées ſur le Trépié ; mais aparemment les Prêtres avoient un Bureau de Propheties écrites, dont ils étoient les Maîtres, les Diſpenſateurs, & les Interpretes.

Je ne doute point que ces Gens là, pour l'honneur de leur Métier, ne fiſſent quelquefois les difficiles avec ceux qui les vouloient gagner, ſur tout ſi on leur demandoit des choſes dont il n'y eût pas lieu d'eſperer beaucoup de ſuccès, telle qu'étoit la nouveauté que Liſander avoit deſſein d'introduire dans le Gouvernement de Sparte. Peut-être même le parti d'Ageſilas, qui étoit alors opoſé à celui de Liſander, avoit ſoupçonné quelque choſe de ce projet, & avoit pris les devans auprés des Oracles. Les Prêtres d'Hammon euſſent-ils pris la peine de venir du fond de la Libie à Sparte, faire un procez à un homme tel que Liſander, s'ils ne ſe fuſſent entendus avec ces Ennemis, & s'ils n'y euſſent été pouſſez par eux ?

CHAPITRE XI.

Nouveaux établissemens des Oracles.

LEs Oracles qu'on établissoit quelquefois de nouveau, font autant de tort aux Démons que les Oracles corrompus.

Après la mort d'Epheſtion, Alexandre voulut abſolument pour ſe conſoler qu'Epheſtion fut Dieu. Tous les Courtiſans y conſentirent ſans peine. Auſſi-tôt voilà des Temples que l'on bâtit à Epheſtion en pluſieurs Villes, des Fêtes qu'on inſtituë en ſon honneur, des Sacrifices qu'on lui fait, de gueriſons miraculeuſes qu'on lui attribuë, & afin qu'il n'y manquât rien, des Oracles qu'on lui fait rendre. Lucien dit qu'Alexandre étonné d'abord de voir la Divinité d'Epheſtion réuſſir ſi bien, la crut enfin vraye lui-même, & ſe ſçût bon gré de n'être pas ſeulement Dieu, mais d'avoir encore le pouvoir de faire des Dieux.

Adrien fit les mêmes folies pour le bel Antinoüs. Il fit bâtir en mémoire de lui la Ville d'Andtinopolis, lui donna des Temples & des Prophetes, dit ſaint Jerôme; or il n'y avoit des Prophetes que dans les Temples à Oracles. Nous avons encore une Inſcription Grecque, qui porte :

A ANTINOÜS, *le Compagnon des Dieux d'Egypte : M. Ulpius Apollonius ſon Prophete.*

Après cela, on ne ſera pas ſurpris qu'Auguſte ait auſſi rendu des Oracles, ainſi que nous l'aprenons de Prudence. Aſſurément

Auguste valoit bien Antinoüs & Epheſtion, qui, ſelon toutes les aparences, ne dûrent leur Divinité qu'à leur beauté.

Sans doute ces nouveaux Oracles faiſoient faire des réflexions à ceux qui étoient le moins du monde capables d'en faire. N'y avoit-il pas aſſez de ſujet de croire qu'ils étoient de la même nature que les Anciens, & pour juger de l'origine de ceux d'Amphiaraüs, de Trophonius, d'Orphée, d'Apollon même, ne ſuffiſoit-il pas de voir l'origine de ceux d'Antinoüs, d'Epheſtion, & d'Auguſte?

Nous ne voyons pourtant pas, à dire le vrai, que ces nouveaux Oracles fuſſent dans le même credit que les Anciens; il s'en faloit beaucoup.

On ne faiſoit rendre à ces Dieux de nouvelle création qu'autant de réponſes qu'il en faloit, pour en pouvoir faire ſa cour aux Princes: mais du reſte on ne les conſultoit pas bien ſerieuſement, & quand il étoit queſtion de quelque choſe d'important, on alloit à Delphes. Les vieux Trépiés étoient en poſſeſſion de l'avenir depuis un tems immémorial, & la parole d'un Dieu experimenté étoit bien plus ſûre, que celle de ces Dieux, qui n'avoient encore nulle expérience.

Les Empereurs Romains qui étoient intereſſez à faire valoir la Divinité de leurs Prédeceſſeurs, puis qu'une pareille Divinité les attendoit, auroient dû tâcher à rendre plus celebres les Oracles des Empereurs Deïfiez comme Auguſte, ſi ce n'eût été que les Peuples accoûtumez à leurs anciens Oracles, ne pouvoient prendre la même confiance pour les autres. Je croirois bien même que quelque penchant qu'ils euſſent aux plus ridicules superstitions, ils se mocquoient de ces nouveaux Oracles, & en general de toutes les nouvelles Institutions des Dieux. Le moyen qu'on prit l'Aigle qui se lâchoit du Bucher d'un Empereur Romain pour l'Ame de cet Empereur qui alloit prendre sa place au Ciel ?

Pourquoi donc le Peuple avoit-il été trompé à la premiere Institution des Dieux & des Oracles ? En voici, je croi, la raison. Pour ce qui regarde les Dieux, le Paganisme n'en a eu que de deux sortes principales, ou des Dieux que l'on suposoit être essentiellement de nature Divine, ou des Dieux qui ne l'étoient devenus qu'après avoir été de nature humaine. Les premiers avoient été annoncez par les Sages ou par les Legislateurs avec beaucoup de Misteres, & le Peuple, ni ne les voyoit ni ne les avoit vûs. Les seconds, quoi qu'ils eussent été hommes aux yeux de tout le monde, avoient été érigez en Dieux par un mouvement naturel des Peuples touchez de leurs bien-faits. On se formoit une idée très relevée des uns parce qu'on ne les voyoit point, & des autres parce qu'on les aimoit ; mais on n'en pouvoit pas faire autant pour un Empereur Romain qui étoit Dieu par ordre de la Cour, & non pas par l'amour du Peuple, & qui outre cela, venoit d'être homme fort publiquement.

Quand aux Oracles, leur premier établissement n'est pas non plus fort difficile à expliquer. Donnez-moi une demi-douzaine de personnes, à qui je puisse persuader que ce n'est pas le Soleil qui fait le jour, je ne desesperai pas que des Nations entieres n'embrassent cette opinion. Quelque ridicule que soit une pensée, il ne faut que trouver moyen de la maintenir pendant quelque tems; la voilà qui devient ancienne, & elle est suffisamment prouvée. Il y avoit sur le Parnasse un trou d'où il sortoit une exhalaison qui faisoit danser les Chévres, & qui montoit à la tête. Peut-être quelqu'un qui en fut entêté se mit à parler sans sçavoir ce qu'il disoit, & dit quelque verité. Aussi-tôt il faut qu'il y ait quelque chose de Divin dans cette exhalaison, elle contient la science de l'avenir, on commence à ne s'aprocher plus de ce trou qu'avec respect, les Ceremonies se forment peu à peu. Ainsi naquit aparemment l'Oracle des Delphes, & comme il devoit son origine à une exhalaison qui entêtoit, il faloit absolument que la Pithie entrât en fureur pour prophetiser. Dans la plûpart des autres Oracles, la fureur n'étoit pas nécessaire. Qu'il y en ait une fois un d'établi, vous jugez bien qu'il va s'en établir mille. Si les Dieux parlent bien là, pourquoi ne parleront-ils point ici ? Les Peuples frapez du merveilleux de la chose, & avides de l'utilité qu'ils en esperent, ne demandent qu'à voir naître des Oracles en tous lieux, & puis l'Ancienneté survient à tous ces Oracles, qui leur fait tous les biens du monde. Les nouveaux n'avoient garde de réüssir tant, c'étoient les Princes qui les établissoient, les Peuples croyent bien mieux à ce qu'ils ont fait eux-mêmes.

Ajoûtez à tout cela, que dans le tems de la premiere Institution & des Dieux & des Oracles, l'ignorance étoit beaucoup plus grande qu'elle ne fut dans la suite. La Philosophie n'étoit point encore née, & les Superstitions les plus extravagantes n'avoient aucune contradiction à essuyer de sa part. Il est vrai que ce qu'on apelle le Peuple, n'est jamais fort éclairé ; cependant la grossiereté dont il est toûjours, reçoit encore quelques differences, selon les Siecles ; du moins il y en a où tout le monde est Peuple, & ceux-là sont sans comparaison les plus favorables à l'établissement des Erreurs. Ce n'est donc pas merveille si les Peuples faisoient moins de cas des nouveaux Oracles que des anciens, mais cela n'empêchoit pas que les anciens ne ressemblassent parfaitement aux nouveaux. Ou un Démon alloit se loger dans la Statuë d'Epheston pour y rendre des Oracles, dés qu'il avoit plû à Alexandre d'en faire élever une à Epheston comme à un Dieu ; ou si la Statuë rendoit des Oracles sans ce Démon, celle d'Apollon Pithien pouvoit bien en faire autant. Or il seroit, ce me semble, fort étrange & fort surprenant qu'il n'eût fallu qu'une fantaisie d'Alexandre pour envoyer un Démon en possession d'une Statuë, qui fût devenuë par là une éternelle occasion d'erreur à tous les hommes.

CHAPITRE XII.

Lieux où étoient les Oracles.

NOus allons entrer presentement dans le détail des artifices que pratiquoient les Prêtres ; cela renferme beaucoup de choses de l'Antiquité assez agréables & assez particulieres.

Les Païs montagneux, & par conséquent pleins d'antres & de cavernes, étoient les plus abondans en Oracles. Telle étoit la Beotie, qui anciennement, dit Plutarque, en avoit une très grande quantité. Remarquez en passant que les Bœotiens étoient en réputation d'être les plus sottes gens du monde; c'étoit là un bon Païs pour les Oracles, des Sous & des Cavernes.

Je ne croi point que le premier établissement des Oracles ait été une imposture méditée, mais le peuple tomba dans quelque superstition qui donna lieu à des gens un peu plus rafinez d'en profiter. Car les sotises du peuple sont telles assez souvent, qu'elles n'ont pû être prévûës, quelquefois ceux qui le trompent ne songeoient à rien moins, & ont été invitez par lui-même à le tromper. Ainsi ma pensée est qu'on n'a pas mis d'abord des Oracles dans la Beotie parce qu'elle est montagneuse, mais que l'Oracle de Delphes ayant une fois pris naissance dans la Beotie, de la maniere que nous avons dit, les autres que l'on fit à son imitation dans le même païs, furent mis aussi dans des Cavernes, parce que les Prêtres en avoient reconnu la commodité.

Cet usage ensuite se répandit presque par tout. Le prétexte des Exhalaisons divines rendoient les Cavernes nécessaires, & il semble de plus que les Cavernes inspirent d'elles-mêmes je ne sçai quelle horreur, qui n'est pas inutile à la superstition. Dans les choses qui ne sont faites que pour fraper l'Imagination des hommes, il ne faut rien négliger. Peut-être la situation de Delphes a-t-elle bien servi à la faire regarder comme une Ville sainte. Elle étoit à moitié chemin de la Montagne du Parnasse, bâtie sur un peu de terre-plain, & environnée de précipices qui la fortifioient sans le secours de l'art. La partie de la Montagne qui étoit au dessus, avoit à peu près la figure d'un Teatre & les cris des hommes, & le son des trompettes se multiplioient dans les rochers. Croyez qu'il n'y avoit pas jusqu'à ces Echos qui ne valussent leur prix.

La commodité des Prêtres, & la majesté des Oracles, demandoient donc également des Cavernes ; aussi ne voyez-vous pas un si grand nombre de Temples prophetiques en plat païs, mais s'il y en avoit quelques-uns, on sçavoit bien remédier à ce défaut de leur situation. Au lieu de cavernes naturelles, on en faisoit d'artificielles, c'est-à-dire de ces Sanctuaires qui étoient des especes d'antres, où résidoit particulierement la Divinité, & où d'autres que les Prêtres n'entroient jamais.

Quand la Pithie se mettoit sur le Trépié, c'étoit dans son Sanctuaire, lieu obscur & éloigné d'une certaine petite * chambre où se tenoient ceux qui venoient consulter l'Oracle. L'ouverture même de ce Sanctuaire étoit toute couverte de feüillages de Laurier, & ceux à qui on permettoit d'en aprocher, n'avoient garde d'y rien voir.

D'où croyez-vous que vienne la diversité avec laquelle les Anciens parlent de la forme de leurs Oracles ? C'est qu'ils ne voyoient point ce qui se passoit dans le fond de leurs Temples.

Par exemple, ils ne s'accordent point les uns avec les autres sur l'Oracle de Dodone, & cependant que devoit-il y avoir de plus connu des Grecs ? Aristote, au raport de Suidas, dit qu'à Dodone il y a deux colomnes, sur l'une desquelles est un Bassin d'ai-

* *Plutarque Dial. des Oracl. qui ont cessé.*

rain, & sur l'autre la Statuë d'un Enfant qui tient un foüet, dont les cordes étant aussi d'airain, font du bruit contre le Bassin lors qu'elles y sont poussées par le vent.

Demon, selon le même Suidas, dit que l'Oracle de Jupiter Dodonéen est tout environné de Bassins, qui aussi-tôt que l'un est poussé contre l'autre, se communiquent ce mouvement en rond, & font un bruit qui dure assez de tems.

D'autres disent que c'étoit un Chêne raisonnant qui secoüoit ses branches & ses feüilles, lors qu'il étoit consulté, & qui déclaroit ses volontez par des Prêtresses nommées Dodonides.

Il paroît bien par tout cela qu'il n'y avoit que le bruit de constant, parce qu'on l'entendoit de dehors, mais comme on ne voyoit point le dedans du lieu où se rendoit l'Oracle, on ne sçavoit que par conjectures, ou sur le raport infidéle des Prêtres, ce qui causoit le bruit. Il se trouve pourtant dans l'Histoire, que quelques personnes ont eu le privilége d'entrer dans ces Sanctuaires, mais ce n'étoient pas des gens moins considérables qu'Alexandre & Vespasien. Strabon raporte de Callisthene qu'Alexandre entra seul avec le Prêtre dans le Sanctuaire d'Hammon, & que tous les autres n'entendirent l'Oracle que de dehors.

Tacite dit aussi que Vespasien étant à Alexandrie, & ayant déja des desseins sur l'Empire, voulut consulter l'Oracle de Serapis, mais qu'il fit auparavant sortir tout le monde du Temple. Peut-être cependant n'entra-t'il pas pour cela dans le Sanctuaire. A ce conte les exemples d'un tel privilége seront très rares, car mon Auteur avoüe qu'il n'en connoït point d'autres que ces deux-là, si ce n'est peut-être qu'on y veüille ajoûter ce que Tacite dit de Titus, à qui le Prêtre de la Venus de Paphos ne voulut découvrir qu'en secret, beaucoup de grandes choses qui regardoient les desseins qu'il méditoit alors, mais cet exemple prouve encore moins que celui de Vespasien, la liberté que les Prêtres accordoient aux Grands d'entrer dans les Sanctuaires de leurs Temples. Sans doute il faloit un grand crédit pour les obliger, à la confidence de leurs Misteres, & même ils ne la faisoient qu'à des Princes naturellement interessez à leur garder le secret, & qui dans le cas où ils se trouvoient, avoient quelque raison particuliere de faire valoir les Oracles.

Dans ces Sanctuaires tenébreux étoient cachées toutes les machines des Prêtres, & ils y entroient par des conduits soûterrains. Rufin nous décrit le Temple de Serapis tout plein de chemins couverts, & pour aporter un témoignage encore plus fort que le sien, l'Ecriture Sainte ne nous aprend-elle pas comment Daniel découvrit l'imposture des Prêtres de Belus, qui sçavoient bien rentrer secretement dans son Temple pour prendre les Viandes qu'on y avoit offertes ? Il me semble que cette Histoire seule devroit décider toute la question en nôtre faveur. Il s'agit là d'un des Miracles du Paganisme, qui étoit crû le plus universellement, de ces Victimes, que les Dieux prenoient la peine de venir manger eux-mêmes. L'Ecriture attribuë-t-elle ce prodige aux Démons ? Point du tout, mais à des Prêtres imposteurs, & c'est là la seule fois où l'Ecriture s'étend un peu sur un prodige du Paganisme, & en ne nous avertissant point que tous les autres n'étoient pas de la même nature, elle nous donne à entendre fort clairement qu'ils en étoient. Combien après tout devoit-il être plus aisé de persuader aux peuples que les Dieux descendoient dans des Statuës pour leur parler, & leur donner des instructions utiles, que de leur persuader qu'ils venoient manger des membres de Chévres & de Moutons ? Et si les Prêtres mangeoient bien en la place des Dieux, à plus forte raison pouvoient-ils parler aussi en leur place.

Les voûtes des Sanctuaires augmentoient la voix, & faisoient un retentissement qui imprimoit de la terreur. Aussi voyez-vous dans tous les Poëtes, que la Pithie poussoit une voix plus qu'humaine, peut-être même les Trompettes qui multiplient le son, n'étoient-elles pas alors tout-à-fait inconnuës ; peut-être le Chevalier Morland n'a-t'il fait que renouveller un secret que les Prêtres Payens avoient sçû avant lui, & dont ils avoient mieux aimé tirer du profit en ne le publiant pas, que de l'honneur en le publiant. Du moins le Pere Kirker assûre qu'Alexandre avoit une de ces Trompettes, avec laquelle il se faisoit entendre de toute son Armée en même-tems.

Je ne veux pas oublier une bagatelle, qui peut servir à marquer l'extrême aplication que les Prêtres avoient à fourber. Du Sanctuaire, ou du fond des Temples, il sortoit quelquefois une * vapeur très agréable, qui remplissoit tout le lieu où étoient les Consultans. C'étoit l'arrivée du Dieu qui parfumoit tout. Jugez si des gens qui poussoient jusqu'à

---

* Plut, Dial. des Oracl,

ces minutes presque inutiles l'exactitude de leurs impostures, pouvoient rien négliger d'essentiel.

CHAPITRE XIII.

Distinctions de jours, & autres Misteres des Oracles.

LEs Prêtres n'oublioient aucune sorte de précaution. Ils marquoient à leur gré de certains jours où il n'étoit point permis de consulter l'Oracle. Cela avoit un air misterieux, ce qui est déja beaucoup en pareilles matieres; mais la principale utilité qu'ils en retiroient, c'est qu'ils pouvoient vous renvoyer sur ce prétexte, s'ils avoient des raisons pour ne pas vouloir vous répondre, ou que pendant ce tems de silence ils prenoient leurs mesures, & faisoient leurs préparatifs.

A l'occasion de ces prétendus jours malheureux, il fut rendu à Alexandre un des plus jolis Oracles qui ait jamais été. Il étoit allé à Delphes pour consulter le Dieu, & la Prêtresse qui prétendoit qu'il n'étoit point alors permis de l'interroger, ne vouloit point entrer dans le Temple. Alexandre qui étoit brusque, la prit par le bras pour l'y mener de force, & elle s'écria, *Ah! mon fils, on ne peut te résister. Je n'en veux pas davantage,* dit Alexandre, *cet Oracle me suffit.*

Le Prêtres avoient encore un secret pour gagner du tems, quand il leur plaisoit. Avant que de consulter l'Oracle, il faloit sacrifier; & si les entrailles des Victimes n'étoient pas heureuses, c'est que le Dieu n'étoit pas encore en humeur de répondre. Et qui jugeoit des entrailles des Victimes ? Les Prêtres, le plus souvent même, ainsi qu'il paroît par beaucoup d'exemples, ils étoient seuls à les examiner, & tel qu'on obligeoit à recommencer le Sacrifice, avoit pourtant immolé un animal, dont le cœur & le foye étoient les plus beaux du monde.

Ce qu'on apelloit les Misteres & les Ceremonies secretes d'un Dieu, étoit sans doute un des meilleurs artifices que les Prêtres eussent imaginé pour leur sûreté. Ils ne pouvoient si bien couvrir leur jeu, que bien des gens ne soupçonnassent la fourberie. Ils s'aviserent d'établir de certains Misteres, qui engageoient à un secret inviolable ceux qui y étoient initiez.

Il est vrai qu'il y avoit de ces Misteres dans des Temples qui n'avoient point d'Oracles, mais il y en avoit aussi dans beaucoup de Temples à Oracles ; par exemple, dans celui de Delphes. Plutarque dans ce Dialogue si souvent cité, dit qu'il n'y avoit personne à Delphes, ni dans tout ce païs, qui ne fût initié aux Misteres. Ainsi tout étoit dans la dépendance des Prêtres ; si quelqu'un eût osé ouvrir la bouche contr'eux, on eût bien crié à l'Athée & à l'Impie, & on lui eût fait des affaires dont il ne se fut jamais tiré.

Sans les Misteres, les Habitans de Delphes n'eussent pas laissé d'être toûjours engagez à garder le secret aux Prêtres sur leurs friponneries, car Delphes étoit une Ville qui n'avoit point d'autre revenus que celui de son Temple, & qui ne vivoit que d'Oracles ; mais les Prêtres s'assuroient encore mieux de ces peuples en se les attachant par le double lien de l'interêt & de la superstition. On eût été bien reçû à parler contre les Oracles dans une belle Ville.

Ceux qu'on initioit aux Misteres, donnoient des assurances de leur discretion ; ils étoient obligez à faire aux Prêtres une confession de tout ce qu'il y avoit de plus caché dans leur vie, & c'etoit aprés cela à ces pauvres initiez à prier les Prêtres de leur garder les secret.

Ce fut sur cette confession qu'un Lacedemonién qui s'alloit faire initier aux Misteres de Samothrace, dit brusquement aux Prêtres, *si j'ai fait des crimes, les Dieux les sçavent bien.*

Un autre répondit à peu prés de la mème façon. *Est-ce à toi, ou au Dieu qu'il faut confesser ses crimes ? C'est au Dieu*, dit le Prêtre ; *Et bien, retire-toi donc*, reprit le Lacedemonien, *& je les confesserai au Dieu.* Tous ces Lacedemoniens n'avoient pas extrêmement l'esprit de dévotion. Mais ne pouvoit-il pas se trouver quelque impie, qui allât avec une fausse confession se faire initier aux Misteres, & qui en découvrit ensuite toute l'extravagance, & publiât la fourberie des Prêtres ?

Je croi que ce malheur a pû arriver, & je croi aussi que les Prêtres le prévenoient autant qu'il leur étoit possible. Ils voyoient bien à qui ils avoient affaire, & je vous garantis que les deux Lacedemoniens dont nous venons de parler, ne furent point reçûs. De plus, on avoit déclaré les Epicuriens incapables d'être initiez aux Misteres, parce que c'étoit des gens qui faisoient profession de s'en mocquer, & je ne croi pas même qu'on leur rendit d'Oracles. Ce n'étoit pas une chose difficile que de les reconnoître ; tous ceux d'entre les Grecs qui se mêloient un peu de Litterature, faisoient choix d'une

Secte de Philofolophie, & le furnom qu'ils tiroient de leur Secte, étoit presque ce qu'est parmi nous celui qu'on prend d'une Terre. On diftinguoit, par exemple, trois Demetrius, parce que l'un étoit Demetrius le Cinique; l'autre, Demetrius le Stoïcien; l'autre, Demetrius le Peripateticien.

La coûtume d'exclure les Epicuriens de tous les Misteres étoit si generale, & si néceffaire pour la fûreté des chofes facrées, qu'elle fut prife par ce grand Fourbe, dont Lucien nous décrit si agréablement la Vie, cet Alexandre qui joüa si long-tems les Grecs avec ses Serpens. Il avoit même ajoûté les Chrétiens aux Epicuriens, parce qu'à son égard ils ne valoient pas mieux les uns que les autres, & avant que de commencer ses Ceremonies, il crioit, *Qu'on chaffi d'ici les Chrétiens.* A quoi le peuple répondoit comme en une espece de Chœur, *Qu'on chaffe les Epicuriens.* Il fit bien pis; car se voyant tourmenté par ces deux fortes de Gens, qui quoi que pouffez par differens interêts, confpiroient à tourner ses Ceremonies en ridicules, il déclara que le Pont où il faifoit alors fa demeure, se rempliffoit d'Impies, & que le Dieu dont étoit le Prophete, ne parleroit plus, si on ne l'en vouloit défaire: Et fur cela il fit courir fus aux Chrétiens & aux Epicuriens.

L'Apollon de Daphné, Fauxbourg d'Antioche, étoit dans la même peine, lorfque du tems de Julien l'Apoftat il répondit à ceux qui lui demandoient la caufe de son silence, qu'il s'en faloit prendre à de certains Morts enterrez dans le voifinage. Ces Morts étoient des Martirs Chrétiens, & entr'autres S. Babilas. On veut communément que ce fut la presence de ces Corps bien-heureux qui ôtoit aux Démons le pouvoir de parler dans l'Oracle ; mais il y a plus d'apatence que le grand concours de Chrétiens qui se faisoit aux Sepulcres de ces Martirs, incommodoit les Prêtres d'Apollon, qui n'aimoient pas à avoir pour témoins de leurs actions des ennemis clairvoyans, & qu'ils tâcherent par ce faux Oracle d'obtenir d'un Empereur Payen, qu'il fit jetter hors de là ces Corps dont le Dieu se plaignoit.

Pour revenir presentement aux artifices dont les Oracles étoient pleins, & pour comprendre en une seule réflexion toutes celles qu'on peut faire là-dessus, je voudrois bien qu'on me dit pourquoi les Démons ne pouvoient prédire l'avenir que dans des lieux obscurs, & pourquoi ils ne s'avisoient jamais d'aller animer une Statuë qui fût dans un Carrefour, exposée de toutes parts aux yeux de tout le monde ?

On poura dire que les Oracles qui se rendoient sur des Billets cachetez, & plus encore ceux qui se rendoient en Songe, avoient absolument besoin de Démon ; mais il nous sera bien aisé de faire voir qu'ils n'avoient rien de plus miraculeux que les autres.

CHAPITRE XIV.

Des Oracles qui se rendoient sur des Billets cachetez.

LEs Prêtres n'étoient pas scrupuleux jusqu'au point de n'oser décacheter les Billets qu'on leur aportoit : il faloit qu'on les laissât sur l'Autel, aprés quoi on fermoit le

Temple : où les Prêtres sçavoient bien rentrer sans qu'on s'en aperçût : ou bien il faloit mettre ces Billets entre les mains des Prêtres afin qu'ils dormissent dessus, & reçûssent en songe la réponse qu'il y faloit faire, & dans l'un & l'autre cas ils avoient le loisir & la liberté de les ouvrir. Ils sçavoient pour cela plusieurs secrets, dont nous voyons quelques-uns mis en pratique par le faux Prophete de Lucien. On peut les voir dans Lucien même, si l'on n'est curieux d'aprendre comment on pouvoit décacheter les Billets des Anciens sans qu'il y parût.

Assurément on s'étoit servi de quelqu'un de ces Secrets pour ouvrir le Billet que ce Gouverneur de Cicile dont parle Plutarque, avoit envoyé à l'Oracle de Mopsus qui étoit à Malle, Ville de cette Province. Le Gouverneur ne sçavoit que croire des Dieux ; il étoit obsedé d'Epicuriens qui lui avoient jetté beaucoup de doute dans l'esprit. Il se résolut, comme dit agréablement Plutarque, d'envoyer un Espion chez les Dieux, pour aprendre ce qui en étoit. Il lui donna un Billet bien cacheté pour le porter à l'Oracle de Mopsus. Cet envoyé dormit dans le Temple, & vit en Songe un homme fort bien fait, qui lui dit, *Noir.* Il porte cette réponse au Gouverneur. Elle parut très ridicule à tous les Epicuriens de sa cour, mais il en fut frapé d'étonnement & d'admiration, & en leur ouvrant son Billet, il leur montra ces mots qu'il y avoit écrits, *T'immolerai-je un Bœuf blanc ou noir ?* après ce miracle, il fut toute sa vie fort dévot au Dieu Mopsus. Nous éclaircirons ensuite ce qui regarde le Songe, il suffit presentement que le Billet avoit pû être décacheté & refermé avec adresse. Il avoit toûjours falu le porter au Temple, & il n'eût pas été nécessaire qu'il fût sorti des mains du Gouverneur, si un Démon eût dû y répondre.

Si les Prêtres n'osoient se hazarder à décacheter les Billets, ils tâchoient de sçavoir adroitement ce qui amenoit les Gens à l'Oracle. D'ordinaire c'étoient des Gens considérables, qui avoient dans la tête quelque dessein ou quelque passion qui n'étoit pas inconnuë dans le monde. Les Prêtres avoient tant de commerce avec eux à l'occasion des Sacrifices qu'il faloit faire, ou des délais qu'il faloit observer avant que l'Oracle parlât, qu'il n'étoit pas trop difficile de tirer de leur bouche, ou du moins de conjecturer quel étoit le sujet de leur voyage. On leur faisoit recommencer Sacrifices sur Sacrifices, jusqu'à ce qu'on se fût éclairci. On les mettoit entre les mains de certains menus Officiers du Temple, qui sous prétexte de leur en montrer les Antiquitez, les Statuës, les Peintures, les Offrandes, sçavoient l'art de les faire parler sur leurs affaires. Ces Antiquaires pareils à ceux qui vivent aujourd'hui de ce métier en Italie, se trouvoient dans tous les Temples un peu considérables. Ils sçavoient par cœur tous les miracles qui s'y étoient faits, ils vous faisoient bien valoir la puissance & les merveilles du Dieu, ils vous contoient fort au long l'histoire de chaque present qu'on lui avoit consacré. Sur cela Lucien dit assez plaisamment que tous ces gens-là ne vivoient & ne subsistoient que de Fables, & que dans la Grece on eût été bien fâché d'aprendre des veritez dont il n'eût rien goûté. Si ceux qui venoient consulter l'Oracle, ne parloient point, leurs Domestiques se taisoient-ils ? Il faut sçavoir que dans une Ville à Oracle, il n'y avoit presque que des Officiers de l'Oracle. Les uns étoient Prophetes & Prêtres ; les autres Poëtes qui habilloient en Vers les Oracles rendus en Prose ; les autres simples Interpretes ; les autres petits Sacrificateurs qui immoloient les Victimes, & en examinoient les entrailles ; les autres vendeurs de parfums, ou d'encens, ou de bêtes pour les Sacrifices ; les autres Antiquaires ; les autres enfin n'étoient que des Hôteliers que le grand abord des Etrangers enrichissoit. Tous ces gens-là étoient dans les interêts de l'Oracle & du Dieu ; & si par le moyen des Domestiques des Etrangers, ils découvroient quelque chose qui fut bon à sçavoir, vous ne devez pas douter que les Prêtres n'en fussent avertis.

Le faux Prophete Alexandre qui avoit établi son Oracle dans le Pont, avoit bien jusque dans Rome des Correspondans, qui lui mandoient les affaires les plus secretes de ceux qui l'alloient consulter.

Par ces moyens on pouvoit répondre même sans avoir besoin de recevoir de Billets, & ces moyens n'étoient pas sans doute inconnus aux Prêtres de l'Apollon de Claros, s'il est vrai qu'il suffisoit de leur dire le nom de ceux qui les consultoient. Voici comme Tacite en parle au 2. l. des Annales. *Germanicus alla consulter Apollon de Claros. Ce n'est point une femme qui y rend les Oracles comme à Delphes, mais un homme qu'on choisit dans de certaines familles, & qui est presque toûjours de Milet. Il suffit de lui dire le nombre & les noms de ceux qui viennent le consulter ; ensuite il se retire dans une grotte, & ayant pris l'eau d'une source qui y est cachée, il vous répond en vers à ce que vous avez dans l'esprit, quoi que le plus souvent il soit très ignorant.*

Nous pourrions remarquer ici que l'on confioit bien à une femme l'Oracle de Delphes, parce qu'il n'étoit question que d'y faire la Démoniaque ; mais que comme celui de Claros avoit plus de difficulté, on ne le donnoit qu'à un homme. Nous pourrions remarquer encore que l'ignorance du Prophete, sur laquelle roule une bonne partie de ce qu'il y a de miraculeux dans l'Oracle, ne pouvoit jamais être fort bien prouvée. Qu'enfin le Démon de l'Oracle, tout Démon qu'il étoit, ne pouvoit se passer de sçavoir les noms de ceux qui le consultoient : mais nous n'en sommes pas là presentement, c'est assez d'avoir fait voir comment on pouvoit répondre non seulement à des Billets cachetez, mais à de simples pensées. Il est vrai qu'on ne pouvoit pas répondre aux pensées de tout le monde, & que ce que le Prêtre de Claros faisoit pour Germanicus, il ne l'eût pas pû faire pour un simple Bourgeois de Rome.

CHAPITRE XV.

Des Oracles en Songe.

LE nombre est fort grand des Oracles qui se rendoient par Songes. Cette maniere avoit plus de merveilleux qu'aucun autre, & avec cela elle n'étoit pas fort difficile dans la pratique. Le plus fameux de tous ces Oracles étoit celui de Trophonius dans la Beotie. Trophonius n'étoit qu'un simple Heros, mais ces Oracles se rendoient avec plus de cérémonies que ceux d'aucuns Dieux. Pausanias qui avoit été lui-même le consulter, & qui avoit passé par toutes ces cérémonies, nous en a laissé une description fort ample, dont je croi qu'on sera bien aise de trouver ici un abregé exact.

Avant que de descendre dans l'Antre de Trophonius, il faloit passer un certain nombre de jours dans une espece de petite Chapelle qu'on apelloit de la Bonne Fortune, & du Bon Genie. Pendant ce tems on recevoit des Expiations de toutes les sortes, on s'abstenoit d'eaux chaudes, on se lavoit souvent dans le Fleuve Hircinas, on sacrifioit à Trophonius, & à toute sa famille, à Apollon, à Jupiter surnommé Roi, à Saturne, à Junon, à une Cerès Europe, qui avoit été Nourrice de Trophonius, & on ne vivoit que des chairs sacrifiées. Les Prêtres aparemment ne vivoient aussi d'autre chose. Il faloit consulter les entrailles de toutes ces Victimes, pour voir si Trophonius trouvoit bon que l'on descendit dans son Antre; mais quand elles auroient été toutes les plus heureuses du monde, ce n'étoit encore rien; les entrailles qui décidoient étoient celles d'un certain Belier qu'on immoloit en dernier lieu. Si elles étoient favorables, on vous menoit la nuit au Fleuve Hircinas. Là deux jeunes enfans de douze ou treize ans vous frotoient tout le corps d'huile. Ensuite on vous conduisoit jusqu'à la source du Fleuve, & on vous y faisoit boire de deux sortes d'eaux, celles de Lethé qui effaçoient de vôtre esprit toutes les pensées profanes qui vous avoient occupé auparavant, & celles de Mnemosine qui avoient la vertu de vous faire

retenir

retenir tout ce que vous deviez voir dans l'Antre sacré. Après tous ces préparatifs, on vous faisoit voir la Statuë de Trophonius, à qui vous faisiez vos prieres, on vous équipoit d'une Tunique de lin, on vous mettoit de certaines bandelettes sacrées, & enfin vous alliez à l'Oracle.

L'Oracle étoit sur une Montagne dans une enceinte faite de pierres blanches, sur laquelle s'élevoient des Obelisques d'airain. Dans cette enceinte étoit une caverne de la figure d'un four, taillée de main d'homme. Là s'ouvroit un trou assez étroit, où l'on ne descendoit point par des degrez, mais par de petites échelles. Quand on y étoit descendu, on trouvoit une autre petite caverne, dont l'entrée étoit assez étroite. On se couchoit à terre, on prenoit dans chaque main de certaines compositions de miel, qu'il faloit nécessairement porter : on passoit les pieds dans l'ouverture de la petite caverne, & aussi-tôt on se sentoit emporté au dedans avec beaucoup de force & de vitesse.

C'étoit-là que l'avenir se déclaroit, mais non pas à tous d'une même maniere. Les uns voyoient, les autres entendoient. Vous sortiez de l'Antre couché par terre comme vous y étiez entré, & les pieds les premiers. Aussi-tôt on vous mettoit dans la Chaise de Mnemosine, où l'on vous demandoit ce que vous aviez vû ou entendu. Delà on vous ramenoit dans cette Chapelle du Bon Génie, encore tout étourdi & tout hors de vous. Vous repreniez vos sens peu à peu & vous recommenciez à pouvoir rire, car jusque là la grandeur des Misteres, & la divinité dont vous étiez rempli, vous en avoient bien empêché. Pour moi, il me semble qu'on n'eût pas dû attendre si tard à rire.

Pausanias nous dit qu'il n'y a jamais eu qu'un homme qui soit entré dans l'Antre de Trophonius, & qui n'en soit pas sorti. C'étoit un certain Espion que Demetrius y envoya pour voir s'il n'y avoit pas dans ce lieu Saint quelque chose qui fût bon à piller. On trouva loin de là le corps de ce malheureux, qui n'avoit point été jetté dehors par l'ouverture sacrée de l'Antre.

Il ne nous est que trop aisé de faire nos réflexions sur tout cela. Quel loisir n'avoient pas les Prêtres pendant tous ces differens Sacrifices qu'ils faisoient faire ; d'éxaminer si on étoit propre à être envoyé dans l'Antre ? car assurément Trophonius choisissoit ses Gens, & ne recevoit pas tout le monde. Combien toutes ces Ablutions, & ces Expiations, & ces voyages nocturnes, & ces passages dans des Cavernes étroites & obscures, remplissoient-elles l'esprit de superstition, de frayeurs, & de crainte ? Combien de machines pouvoient joüer dans ces terébres ? L'Histoire de l'Espion de Demetrius, nous aprend qu'il n'y avoit pas de sûreté dans l'Antre, pour ceux qui n'y aportoient pas de bonnes intentions, & de plus qu'outre l'ouverture sacrée qui étoit connuë de tout le monde, l'Antre en avoit une secrete qui n'étoit connuë que des Prêtres. Quand on s'y sentoit entraîné par les pieds, on étoit sans doute tiré par des cordes, & on n'avoit garde de s'en apercevoir en y portant les mains, puis qu'elles étoient embarassées de ces compositions de miel, qu'il ne faloit pas lâcher. Ces Cavernes pouvoient être pleines de parfums & d'odeurs qui troubloient le cerveau, ces eaux de Lethé & de Mnemosine pouvoient aussi être préparées pour le même effet. Je ne dis rien des spectacles & des bruits dont on pouvoit être épouventé, & quand on sortoit de là tout hors de soi, on disoit ce qu'on avoit vû ou entendu à des gens, qui profitant de ce desordre, le recuëilloient comme il leur plaisoit, y changeoient ce qu'ils vouloient, ou enfin en étoient toûjours les interpretes.

Ajoûtez à tout cela, que les Oracles qui se rendoient par songes, il y en avoit ausquels il faloit se préparer par des jeûnes, comme celui * d'Amphiaraüs dans l'Attique, que si vos Songes ne pouvoient pas recevoir quelque interpretation aparente, on vous faisoit dormir dans le Temple sur nouveaux frais, que l'on ne manquoit jamais de vous remplir l'esprit d'idées propres à vous faire avoir des Songes, où il entrât des Dieux, & des choses extraordinaires, & qu'on vous faisoit dormir le plus souvent sur des peaux de Victimes, qui pouvoient avoir été frotées de quelque drogue qui fit son effet sur le cerveau.

Quand c'étoient les Prêtres qui en dormant sur les Billets cachetez, avoient eux-mêmes les Songes prophetiques, il est clair que la chose est encore plus aisée à expliquer. En verité, il y avoit du superflu dans les soins que prenoient les Prêtres Payens pour cacher leurs impostures. Si on étoit assez credule & assez stupide pour se contenter de leurs Songes, & pour y ajoûter

K ij

---

* Philostrate l. 2. de la vie d'Appollonius.

foi, il n'étoit pas besoin qu'ils laissassent aux autres la liberté d'en avoir, ils pouvoient se réserver ce droit à eux seuls, sans qu'on y eût trouvé à redire. De la maniere dont ces Peuples étoient faits, c'étoit leur faire trop d'honneur de les fourber avec quelque précaution & quelque adresse.

Croira-t'on bien qu'il y avoit dans l'Achaïe un * Oracle de Mercure qui se rendoit de cette sorte ? Après beaucoup de cérémonies, on parle au Dieu à l'oreille, & on lui demande ce qu'on veut. Ensuite on se bouche les oreilles avec les mains, on sort du Temple, & les premieres paroles qu'on entend au sortir de là, c'est la Réponse du Dieu. Encore, afin qu'il fût plus aisé de faire entendre, sans être aperçu, telles paroles qu'on voudroit, cet Oracle ne se rendoit que le soir.

CHAPITRE XVI.

Ambiguité des Oracles.

UN des plus grands secrets des Oracles & une des choses qui marque autant que les hommes s'en mêloient ; c'est l'ambiguité des Réponses, & l'art qu'on avoit de les accommoder à tous les évenemens qu'on pouvoit.

† Lors qu'Alexandre tomba malade tout d'un coup à Babilone, quelques-uns des principaux de sa Cour allerent passer une nuit dans le Temple de Serapis, pour de-

* *Pausanias.*
† *Arrian l. 7.*

mander à ce Dieu s'il ne seroit point à propos de lui faire aporter le Roi afin qu'il le guerît. Le Dieu répondit qu'il valoit mieux pour Alexandre qu'il demeurât où il étoit. Serapis avoit raison, car s'il se le fût fait aporter, & qu'Alexandre fût mort en chemin, ou même dans le Temple, que n'eût-on pas dit? mais si le Roy recouvroit sa santé à Babilone, quelle gloire pour l'Oracle? S'il mouroit, c'est qu'il lui étoit avantageux de mourir après des conquêtes qu'il ne pouvoit ni augmenter, ni conserver. Il s'en falut tenir à cette derniere interprétation, qui ne manqua pas d'être trouvée à l'avantage de Serapis, si-tôt qu'Alexandre fût mort.

Macrobe dit que quand Trajan eût pris le dessein d'aller attaquer les Parthes, on le pria d'en consulter l'Oracle de la Ville d'Heliopolis, auquel il ne faloit qu'envoyer un Billet cacheté. Trajan ne se fioit point trop aux Oracles, il voulut auparavant éprouver celui-là. Il y envoye un Billet cacheté, où il n'y avoit rien, on lui en renvoye autant. Voilà Trajan convaincu de la divinité de l'Oracle. Il y envoye une seconde fois un autre Billet cacheté ? par lequel il demandoit au Dieu, s'il retourneroit à Rome, après avoir mis fin à la Guerre qu'il entreprenoit. Le Dieu ordonna que l'on prît une Vigne qui étoit une des Offrandes de son Temple, qu'on la mît par morceaux, & qu'on la portât à Trajan. L'évenement, dit Macrobe, fut parfaitement conforme à cet Oracle, car Trajan mourut à cette Guerre, & on raporta à Rome ses os qui avoient été representez par la Vigne rompuë.

Tout le monde sçavoit assurément que l'Empereur songeoit à faire la Guerre aux

Parthes, & qu'il ne consultoit l'Oracle que sur cela, & l'Oracle eût l'esprit de lui tendre une Réponse allegorique, & si generale qu'elle ne pouvoit manquer d'être vraye. Car que Trajan retournât à Rome victorieux, mais blessé, ou ayant perdu une partie de ses Soldats, qu'il fût vaincu, & que son Armée fut mise en fuite, qu'il y arrivât seulement quelque division, qu'il en arrivât dans celle des Parthes, qu'il en arrivât même dans Rome en l'absence de l'Empereur, que les Parthes fussent absolument défaits, qu'ils ne fussent défaits qu'en partie, qu'ils fussent abandonnez de quelques-uns de leurs alliez, la Vigne rompuë convenoit merveilleusement à tous ces cas differens, & il y eût eu bien du malheur, s'il n'en fût arrivé aucun ; & je croi que les os de l'Empereur reportez à Rome, sur quoi l'on fit tomber l'explication de l'Oracle, étoient pourtant la seule chose à quoi l'Oracle n'avoit point pensé.

A propos de cette Vigne, je ne croi pas devoir oublier une espece d'Oracle qui s'accommodoit à tout, dont Apulée nous apprend que les Prêtres de la Déesse de Sirie avoient été les inventeurs. Ils avoient fait deux Vers dont le sens étoit, *Les Bœufs attelez coupent la terre, afin que les Campagnes produisent leurs fruits.* Avec ces deux Vers, il n'y avoit rien à quoi ils ne répondissent. Si on les venoit consulter sur un Mariage, c'étoit la chose même, des Bœufs attelez ensemble, des Campagnes fécondes. Si on les consultoit sur quelque terre que l'on vouloit acheter, voilà des Bœufs pour la labourer, voilà des champs fertiles. Si on les consultoit sur un Voyage, les Bœufs sont attelez, & tout prêts à partir, & ces Campagnes fécondes vous promettent un grand gain. Si on alloit à la Guerre, ces Bœufs sous le joug, ne vous annoncent-ils pas que vous y mettrez aussi vos ennemis ? Cette Déesse de Sirie aparemment n'aimoit pas à parler, & elle avoit trouvé moyen de satisfaire par une seule Réponse à toutes sortes de Questions.

Ceux qui recevoient ces Oracles ambigus, prenoient volontiers la peine d'y ajuster l'évenement, & se chargeoient eux-mêmes de les justifier. Souvent ce qui n'avoit eu qu'un sens dans l'intention de celui qui avoit rendu l'Oracle, après l'évenement se trouvoit en avoir deux, & le Fourbe pouvoit se reposer sur ceux qu'il fourboit du soin de sauver son honneur. Quand le faux Prophete Alexandre répondit à Rutilien, qui lui demandoit quels Précepteurs il donneroit à son Fils, qu'il lui donnât Pitagore & Homere, il entendoit tout simplement qu'on lui fît étudier la Philosophie & les belles Lettres. Le jeune homme mourût peu de jours après, & on représentoit à Rutilien que son Prophete s'étoit bien mépris. Mais Rutilien trouvoit avec beaucoup de subtilité la mort de son Fils annoncée dans l'Oracle, parce qu'on lui donnoit pour Précepteur Pitagore & Homere qui étoient morts.

CHAPITRE XVII.

Fourberies des Oracles manifestement découvertes

IL n'est plus question de deviner les finesses des Prêtres, par des moyens qui pourroient eux-mêmes paroître trop fins, un tems a été qu'on les a découvertes de toutes parts aux yeux de toute la terre; ce fut quand la Religion Chrétienne triompha hautement du Paganisme sous les Empereurs Chrétiens.

Théodoret dit que Theophile Evêque d'Alexandrie, fit voir à ceux de cette Ville les Statuës creuses où les Prêtres entroient par des chemins cachez pour y rendre les Oracles.

Lorsque par l'ordre de Constantin on abatit le Temple d'Esculape à Eges en Cilicie, *on en chassa,* dit Eusebe dans la Vie de cet Empereur, *non pas un Dieu ni un Démon, mais le Fourbe qui avoit si long-tems imposé à la credulité du peuple.* A cela il ajoûte en général que dans les Simulacres des Dieux abatus, on n'y trouvoit rien moins que des Dieux ou des Démons, non pas même quelques malheureux Spectres obscurs & tenébreux, mais seulement du foin & de la paille, ou des ordures, ou bien des os de morts. C'est de lui que nous aprenons l'Histoire de ce Theotecnus qui consacra dans la Ville d'Antioche une Statuë de Jupiter Dieu de l'Amitié, à laquelle il fit sans doute rendre des Oracles, puis qu'Eusebe dit que ce Dieu avoit des Prophetes. Theotecnus se mit par là en si grand credit, que Maximin le fit Gouverneur de toute la Province. Mais Licinius étant venu à Antioche, & se doutant de l'imposture, il fit mettre à la Question les Prêtres & les Prophetes de ce nouveau Jupiter. Ils avoüerent tout, & furent punis du dernier Suplice, eux & leurs associez, & avant eux tous, Theotecnus leur Maître. Le même Eusebe nous assure encore au 4. liv. de la Prep. Ev. que de son tems les plus fameux Prophetes d'entre les Payens, & leurs Theologiens les plus celebres, dont quelques-uns même étoient Magistrats dans leurs Villes, avoient été obligez par les tourmens d'expliquer en détail tout l'apareil de la fourberie des Oracles. S'il s'agissoit presentement de ce que les Chrétiens en ont crû, tous ces passages d'Eusebe decideroient, ce me semble, la question. On plaçoit les Démons dans un certain Sistême general qui servoit pour les disputes, mais quand on venoit à un point de fait particulier, on ne parloit guere d'eux, au contraire on leur donnoit nettement l'exclusion.

Je ne croi pas qu'il puisse jamais y avoir de meilleurs témoins contre les Démons que les Prêtres Payens; ainsi aprés leurs dépositions, la chose me paroît terminée. J'ajoûterai seulement ici un Chapitre sur les Sorts, non pas pour en découvrir l'imposture; car cela est compris dans ce que nous avons dit sur les Oracles, & de plus elle se découvre assez d'elle-même, mais pour ne pas oublier une espece d'Oracles, très fameux dans l'Antiquité.

CHAPITRE XVIII.

Des Sorts.

LE Sort est l'effet du hazard, & comme la décision où l'Oracle de la Fortune; mais les Sorts sont les Instrumens dont on se sert pour sçavoir quelle est cette décision.

Les Sorts étoient le plus souvent des especes de Dez, sur lesquels étoient gravez quelques caractères ou quelques mots, dont on alloit chercher l'explication dans des Tables faites exprés. Les usages étoient differens sur les Sorts, dans quelques Temples on les jettoit soi-même, dans d'autres on les faisoit sortir d'une Urne, d'où est venuë cette maniere de parler si ordinaire aux Grecs, *le Sort est tombé.*

Ce jeu de Dez étoit toûjours precedé des Sacrifices, & de beaucoup de ceremonies. Aparemment les Prêtres sçavoient manier les Dez, mais s'ils ne vouloient pas prendre cette peine, ils n'avoient qu'à les laisser aller, ils étoient toûjours maîtres de l'explication.

Les Lacedémoniens allerent un jour consulter les Sorts de Dodone, sur quelque Guerre qu'ils entreprenoient ; car outre les Chesnes parlans, & les Colombes, & les Bassins, & l'Oracle, il y avoit encore des Sorts à Dodone. Aprés toutes les ceremonies faites, sur le point qu'on alloit jetter les Sorts avec beaucoup de respect & de veneration, voilà un Singe du Roi des Molosses, qui étant entré dans le Temple, renversa les Sorts & l'Urne. La Prêtresse effrayée dit aux Lacedémoniers, qu'ils ne devoient pas songer à vaincre, mais seulement à se sauver, & tous les* Ecrivains assurent que jamais Lacedemone ne reçût un présage plus funeste.

Les plus celebres entre les Sorts étoient à Preneste & à Antium, deux petites Villes d'Italie. A Preneste étoit la Fortune, & à Antium les Fortunes.

Les Fortunes d'Antium avoient cela de remarquable, que c'étoient des Statuës qui se remuoient d'elles-mêmes, selon le témoignage de Macrobe l. 1. ch. 23. & dont les mouvemens differens, ou servoient de Reponse,

* *Ciceron l. 2. de la Divination.*

ou marquoient si l'on pouvoit consulter les Sorts.

Un passage de Ciceron au 2. l. de la Divination, où il dit que l'on consultoit les Sorts de Preneste par le consentement de la Fortune, peut faire croire que cette Fortune sçavoit aussi remuër la tête, ou donner quelque autre signe de ses volontez.

Nous trouvons encore quelques Statuës qui avoient cette même proprieté. Diodote de Sicile, & Quinte-Curse, disent que Jupiter Hammon étoit porté par quatre-vingt Prêtres dans une espece de Gondole d'or, d'où pendoient des coupes d'argent : qu'il étoit suivi d'un grand nombre de Femmes & de Filles qui chantoient des Himnes en langue du Païs, & que ce Dieu porté par ses Prêtres, les conduisoit en leur marquant par quelques mouvemens, où il vouloit aller.

Le Dieu d'Heliopolis de Sirie, selon Macrobe, en faisoit autant. Toute la difference étoit qu'il vouloit être porté par des Gens les plus qualifiez de la Province qui eussent long-tems auparavant vécu en continence, & qui se fussent fait raser la tête.

Lucien dans le Traité de la Déesse de Sirie, dit qu'il a vû un Apollon encore plus miraculeux ; car étant porté sur les épaules de ses Prêtres, il s'avisa de les laisser-là, & de se promener par les airs, & cela aux yeux d'un homme tel que Lucien, ce qui est considérable.

Je suis si las de découvrir les fourberies des Prêtres Payens, & je suis si persuadé aussi qu'on est las de m'en entendre parler, que je ne m'amuserai point à dire comment on pouvoit faire jouër de pareilles Marionetes.

Dans l'Orient, les Sorts étoient des Fléches, & aujourd'hui encore les Turcs & les Arabes s'en servent de la même maniere. Ezechiel dit que Nabuchodonosor mêla ses flêches contre Ammon & Jerusalem, & que la flêche sortit contre Jerusalem. C'étoit là une belle maniere de résoudre auquel de ces deux Peuples il feroit la Guerre.

Dans la Grece & dans l'Italie on tiroit souvent les Sorts de quelque Poëte celebre, comme Homere, ou Euripide; ce qui se presentoit à l'ouverture du livre étoit l'Arrêt du Ciel. L'Histoire en fournit mille exemples.

On voit même que quelques deux cens ans après la mort de Virgile, on faisoit déja assez de cas de ses Vers pour les croire prophetiques, & pour les mettre en la place des Sorts qui avoient été à Preneste. Car * Alexandre Severe, encore particulier, & dans le tems que l'Empereur Heliogabale ne lui vouloit pas de bien, reçût pour réponse dans le Temple de Preneste cet endroit de Virgile dont le sens est, *Si tu peux surmonter les Destins contraires, tu seras Marcellus.*

Ici mon Auteur se souvient que Rabelais a parlé des *Sorts Virgilianes* que Panurge va consulter sur son mariage; & il trouve cet endroit du Livre aussi sçavant qu'il est agreable & badin. Il dit que les bagatelles & les sotises de Rabelais valent souvent mieux que les discours les plus serieux des autres. Je n'ai point voulu oublier cet éloge, parce que c'est une chose singuliere de le rencontrer au milieu d'un Traité des Oracles, plein de science & d'érudition. Il est certain que Rabelais avoit beaucoup d'esprit & de lecture, & un art trés particulier de debiter des choses sça-

---

* *Lampridius.*

vantes comme de pures fadaises, & de dire de pures fadaises le plus souvent sans ennuyer. C'est dommage qu'il n'ait vécu dans un Siecle qui l'eût obligé à plus d'honnêteté, & de politesse.

Les Sorts passerent jusque dans le Christianisme, on les prit dans les livres Sacrez, au lieu que les Payens les prenoient dans leurs Poëtes. Saint Augustin dans l'Epitre 119. à Januarius, paroît ne desaprouver cet usage que sur ce qui regarde les affaires du Siecle. Gregoire de Tours nous aprend lui-même quelle étoit sa pratique : il passoit plusieurs jours dans le jeûne & dans la priere, ensuite il alloit au Tombeau de S. Martin, où il ouvroit tel Livre de l'Ecriture qu'il vouloit, & il prenoit pour la réponse de Dieu le premier passage qui s'offroit à ses yeux. Si ce passage ne faisoit rien au sujet, il ouvroit un autre livre de l'Ecriture.

D'autres prenoient pour Sort divin, la premiere chose qu'ils entendoient chanter en entrant dans l'Eglise.

Mais qui croiroit que * l'Empereur Heraclius déliberant en quel lieu il feroit passer l'hyver à son Armée, se détermina par cette espece de Sort. Il fit purifier son Armée pendant trois jours, ensuite il ouvrit le Livre des Evangiles, & trouva que son quartier d'hyver lui étoit marqué dans l'Albanie. Etoit-ce là une affaire dont on pût esperer de trouver la décision dans l'Ecriture ?

L'Eglise est enfin venuë à bout d'exterminer cette Superstition, mais il lui a fallu du tems. Du moment que l'erreur est en possession des esprits, c'est une merveille si elle ne s'y maintient toûjours.

* Cedrenus.

SECONDE DISSERTATION.

Que les Oracles n'ont point cessé au tems de la Venuë de Jesus-Christ.

LA plus grande difficulté qui regarde les Oracles est surmontée, depuis que nous avons reconnu que les Démons n'ont point dû y avoir de part. Les Oracles étant ainsi devenus indifférens à la Religion Chrétienne, on ne s'interessera plus à les faire finir précisément à la Venuë de Jesus-Christ.

CHAPITRE I.

Foiblesse des raisons sur lesquelles cette Opinion est fondée.

CE qui a fait croire à la plûpart des Gens que les Oracles avoient cessé à la Venuë de Jesus-Christ, ce sont les Oracles même qui ont été rendus sur le silence des Oracles, & l'aveu des Payens qui vers le tems de Jesus-Christ, disent souvent qu'ils ont cessé.

Nous avons déja vû la fausseté de ces prétendus Oracles par lesquels un Démon devenu muet disoit lui-même qu'il étoit muet. Ils ont été ou suposez par le trop de zèle des

Chrétiens, ou trop facilement reçûs par leur credulité.

Voici un de ceux fur lesquels Eusebe se fonde pour soutenir que la Naissance de Jesus-Christ les a fait cesser. Il est tiré de Porphire, & Eusebe ne manque jamais à se prévaloir autant qu'il peut du témoignage de cet ennemi.

Je t'aprendrai la verité sur les Oracles & de Delphes & de Claros, disoit Apollon à son Prêtre. *Autrefois il sortit du sein de la terre une infinité d'Oracles, & des Fontaines, & des exhalaisons qui inspiroient des fureurs divines. Mais la terre par les changemens continuels que le tems amène, a repris & fait entrer en elle-même & Fontaines, & exhalaisons, & Oracles. Il ne reste plus que les eaux de Micale dans les Campagnes de Didime, & celles de Claros, & l'Oracle du Parnasse.* Sur cela Eusebe conclut en general que tous les Oracles avoient cessé.

Il est certain qu'il y en a du moins trois d'exceptez selon cet Oracle qu'il raporte lui-même, mais il ne songe qu'à ce commencement qui lui est favorable, & ne s'inquiéte point du reste.

Mais cet Oracle de Porphire nous dit-il quand tous ces autres Oracles avoient cessé? point du tout. Eusebe veut l'entendre du tems de la Venuë de Jesus-Christ. Son zêle est loüable, mais sa maniere de raisonner ne l'est pas tout-à-fait.

Et quand même l'Oracle de Porphire parleroit du tems de Jesus-Christ, il s'ensuivroit qu'alors plusieurs Oracles cessèrent, mais qu'il en resta pourtant encore quelques-uns.

Eusebe a peut-être crû que cette exception n'étoit rien, & qu'il suffisoit que le plus grand nombre d'Oracles eût cessé ; mais cela ne va pas ainsi. Si les Oracles ont été rendus par les Démons, que la Naissance de Jesus-Christ ait condamnez au silence, nul Démon n'a été privilégié. Qu'il soit resté un seul Oracle après Jesus-Christ, il ne m'en faut pas davantage, ce n'est point sa Naissance qui a fait taire les Oracles. C'est ici un de ces cas où la moindre exception ruïne la proposition generale.

Mais peut-être les Démons à la Naissance de Jesus-Christ ont cessé de rendre des Oracles, & les Oracles n'ont pas laissé de continuer, parce que les Prêtres les ont contrefaits.

Cette suposition seroit sans aucun fondement. Je prouverai que les Oracles ont duré 400. ans après Jesus-Christ ; on n'a remarqué aucune difference entre ces Oracles qui ont suivi la Naissance de Jesus-Christ, & ceux qui l'avoient précedée. Si les Prêtres ont si bien fourbé pendant quatre cens ans, pourquoi ne l'ont-ils pas toûjours fait ?

Un des Auteurs Payens qui a le plus servi à faire croire que les Oracles avoient cessé à la venuë de Jesus-Christ, c'est Plutarque. Il vivoit quelques cent ans après Jesus-Christ, & il a fait un Dialogue sur les Oracles qui avoient cessé. Bien des Gens sur ce titre seul ont formé leur opinion & pris leur parti. Cependant Plutarque excepte positivement l'Oracle de Lébadie, c'est-à-dire de Trophonius, & celui de Delphes, où il dit qu'il faloit anciennement deux Prêtresses, bien souvent trois, mais qu'alors c'étoit assez d'une. Du reste il avouë que les Oracles étoient taris dans la Beotie, qui en avoit été autrefois une source trés feconde.

Tout cela prouve la cessation de quelques Oracles, & la diminution de quelqu'autres; mais non pas la cessation entiere de tous les Oracles, ce qui seroit pourtant absolument nécessaire pour le Sistême commun.

Encore l'Oracle de Delphes n'étoit-il pas si fort déchû du tems de Plutarque; car lui-même dans un autre Traité nous dit que le Temple de Delphes étoit plus magnifique qu'on ne l'avoit jamais vû, qu'on en avoit relevé d'anciens Batimens que le tems commençoit à ruïner, & qu'on y en avoit ajoûté d'autres tout modernes: que même on voyoit une petite Ville qui s'étant formée peu à peu auprés de Delphes, en tiroit sa nourriture comme un petit Arbre qui pousse au pied d'un grand; & que cette petite Ville étoit parvenuë à être plus considérable qu'elle n'avoit été depuis mille ans. Mais dans ce Dialogue même des Oracles qui ont cessé, Démetrius Cilicien l'un des Interlocuteurs, dit qu'avant qu'il commençât ses Voyages, les Oracles d'Amphilochus & de Mopsus en son Païs, étoient aussi florissans que jamais: que véritablement depuis qu'il en étoit parti, il ne sçavoit pas ce qui leur pouvoit être arrivé.

Voilà ce qu'on trouve dans ce Traité de Plutarque, auquel je ne sçai combien de gens sçavans vous renvoyent pour vous prouver que les Oracles ont cessé à la venuë de Jesus-Christ.

Ici mon Auteur prétend qu'on est tombé aussi dans une méprise grossiere sur un passage du 2. l. de la Divination. Ciceron se mocque d'un Oracle qu'on disoit qu'Apollon avoit rendu en Latin à Pirrhus qui le consultoit sur la Guerre qu'il alloit faire aux

Romains. Cet Oracle est équivoque, de sorte qu'on ne sçait s'il veut dire que Pirrhus vaincra les Romains, ou que les Romains vaincront Pirrhus. L'équivoque est attachée à la construction de la Phrase Latine, & nous ne la sçaurions rendre en François. Voici les propres termes de Cicéron sur cet Oracle.

Premierement, dit-il, *Apollon n'a jamais parlé Latin. Secondement les Grecs ne connoissent point cet Oracle. Troisiémement Apollon du tems de Pirrhus avoit déja cessé de faire des Vers. Enfin quoi que les Eacides, de la famille desquels étoit Pirrhus ne fussent pas Gens d'un esprit bien fin, ni bien pénétrant, cependant l'équivoque de l'Oracle étoit si manifeste que Pirrhus eût dû s'en apercevoir.... Mais ce qui est le principal, pourquoi y a-t-il déja long-tems qu'il ne se rend plus d'Oracles à Delphes de cette sorte, ce qui fait qu'il n'y a présentement rien de plus méprisé ?*

C'est sur ces dernieres paroles que l'on s'est fondé pour dire que du tems de Cicéron, il ne se rendoit plus d'Oracles à Delphes.

Mon Auteur dit qu'on se trompe, & que ces mots, *pourquoi ne se rend-t-il plus d'Oracles de cette sorte*, marquent bien que Cicéron ne parle que des Oracles en vers, puis qu'il étoit alors question d'un Oracle renfermé en un Vers ; Mais non pas des Oracles en general.

Je ne sçai s'il faut être tout-à-fait de son avis ; car voici comme Cicéron continuë immédiatement. *Car quand on presse les Défenseurs des Oracles, ils répondent que cette vertu qui étoit dans l'exhalaison de la terre, & qui inspiroit la Pithie, s'est évaporée avec le tems. Vous diriez qu'ils parlent de quelque vin qui a perdu sa force. Quel tems peut consumer ou épuiser une vertu toute divine? Or qu'y a-t-il de plus divin qu'une exhalaison de la terre qui fait un tel effet sur l'ame, qu'elle lui donne la connoissance de l'avenir, & de s'expliquer en Vers?*

Il me semble que Ciceron entend que la vertu toute entiere avoit cessé, & il eût bien vû qu'il en eût toûjours dû demeurer une bonne partie, quand il ne se fût plus rendu à Delphes que des Oracles en Prose. N'est-ce donc rien qu'une Prophetie, à moins qu'elle ne soit en Vers?

Je ne croi pas qu'on ait eu tant de tort de prendre ce passage pour une preuve de la cessation entiere de l'Oracle de Delphes; mais on a eu tort de prétendre en tirer avantage pour attribuer cette cessation à la Naissance de Jesus-Christ. L'Oracle a cessé trop tôt, puisque selon ce passage, il avoit cessé long-tems avant Ciceron.

Mais il n'est pas vrai que la chose soit comme Ciceron paroît l'avoir entenduë en cet endroit. Lui-même au 1. l. de la Divination, fait parler en ces termes Quintus son Frere qui soutient les Oracles. *Je m'arête sur ce point, jamais l'Oracle de Delphes n'eût été si célebre, & jamais il n'eût reçû tant d'Offrandes des Peuples & des Rois, si de tout tems on n'eût reconnu la verité de ses Prédictions. Il n'est pas si célebre presentement. Comme il l'est moins parce que ses Prédictions sont moins vrayes, jamais si elles n'eussent été extrêmement vrayes, il n'eût été célebre au point qu'il l'a été.*

Mais ce qui est encore plus fort, Ciceron même, à ce que dit Plutarque dans sa vie, avoit dans sa jeunesse consulté l'Oracle de Delphes, sur la conduite qu'il devoit tenir dans le monde, & il lui avoit été répondu qu'il suivoit son génie plûtôt que de se regler sur les opinions vulgaires. S'il n'est pas vrai que Cicéron ait consulté l'Oracle de Delphes, il faut du moins que du tems de Cicéron on le consultât encore.

CHAPITRE II.

Pourquoi les Auteurs anciens se contredisent souvent sur le tems de la cessation des Oracles.

D'Où vient donc, dira-t'on, que Lucain au 5. liv. de la Pharsale, parle en ces termes de l'Oracle de Delphes ? *L'Oracle de Delphes qui a gardé le silence, depuis que les Grands ont redouté l'avenir, & ont défendu aux Dieux de parler, est la plus considérable de toutes les faveurs du Ciel que nôtre Siècle a perduës.* Et peu après, *Appius qui vouloit sçavoir quelle seroit la destinée de l'Italie, eût la hardiesse d'aller interroger cette caverne depuis si long-tems muëtte, & d'aller remuer ce Trepié oisif depuis si long-tems.*

D'où vient que Juvenal dit en un endroit, *Puisque l'Oracle ne parle plus à Delphes ?*

D'où vient enfin que parmi les Auteurs d'un même tems on en trouve qui disent que l'Oracle de Delphes ne parle plus, d'autres qui disent qu'il parle encore, & d'où vient que quelquefois un même Auteur se contredit sur ce chapitre ?

C'est qu'assurément les Oracles n'étoient plus dans leur ancienne vogue, & qu'aussi ils n'étoient pas encore tout-à-fait ruinez. Ainsi par rapott à ce qu'ils avoient été autrefois, ils n'étoient plus rien : mais en effet ils ne laissoient pourtant pas d'être encore quelque chose.

Il y a plus. Il arrivoit qu'un Oracle étoit

ruïné pour un tems, & qu'ensuite il se relevoit, car les Oracles étoient sujets à diverses avantures. Il ne les faut pas croire anéantis du moment qu'on les voit muets ; ils pouront reprendre la parole.

Plutarque dit qu'anciennement un Dragon qui s'étoit venu loger sur le Parnasse, avoit fait deserter l'Oracle de Delphes : qu'on croyoit communément que c'étoit la solitude qui y avoit fait venir le Dragon, mais qu'il y avoit plus d'aparence que le Dragon y avoit causé la solitude : que depuis la Grece s'étoit remplie de Villes, &c.

Vous voyez que Plutarque vous parle d'un tems assez éloigné. Ainsi l'Oracle depuis sa naissance avoit déja été abandonné une fois, ensuite il est sûr qu'il s'étoit merveilleusement bien rétabli.

Aprés cela le Temple de Delphes essuya diverses fortunes. Il fut pillé par un Brigand descendu de Phlegias, par les Phocenses, par Pirrhus, par Neron ; enfin par les Chrétiens sous Constantin. Tout cela ne faisoit pas de bien à l'Oracle, les Prêtres étoient ou massacrez, ou dispersez ; on abandonnoit le lieu, les utensiles sacrées étoient perduës, il faloit des soins, des frais, & du tems pour remettre l'Oracle sur pied.

Il se peut donc faire que Ciceron ait pendant sa jeunesse consulté l'Oracle de Delphes, que pendant la Guerre de Cesar, & dans Pompée & dans ce desordre general de l'Univers, l'Oracle ait été muet, comme le veut Lucain; qu'enfin aprés la fin de cette Guerre, lorsque Ciceron écrivoit ses Livres de Philosophie, il commençât à se rétablir assez pour donner lieu à Quintus de dire qu'il étoit encore au monde, & assez peu pour donner lieu à

Ciceron de supposer qu'il n'y étoit plus.

Quand Dorimaque, au raport de Polibe, brûla les Portiques du Temple de Dodone, renversa de fond en comble le lieu Sacré de l'Oracle, pilla ou ruina toutes les Offrandes; un Auteur de ce tems-là auroit bien pû dire que l'Oracle de Dodone ne parloit plus. Cela n'empêcheroit pas que dans le Siecle suivant on ne trouvât un autre Auteur qui en raporteroit quelque réponse.

CHAPITRE III.

Histoire de la durée de l'Oracle de Delphes & de quelques autres Oracles.

Nous ne sçaurions mieux prouver que vers le tems de la Naissance de Jesus-Christ, où l'on parle tant du silence de l'Oracle de Delphes, il n'avoit pas cessé tout-à-fait, mais étoit seulement interrompu, qu'en raportant toutes les occasions differentes, où l'on trouve depuis ce tems-là qu'il a parlé.

Suetone, dans la Vie de Neron, dit que l'Oracle de Delphes l'avertit qu'il se donnât de garde des 73. ans; que Neron crût qu'il ne devoit mourir qu'à cet âge là * & ne songea point au vieux Galba qui étant âgé de 73. ans lui ôta l'Empire. Cela le persuada si fort de son bonheur, qu'ayant perdu par un Naufrage des choses d'un très grand prix, il se vanta que les Poissons les lui raporteroient.

Il faloit qu'il eût reçû du même Oracle de Delphes quelque réponse qu'il lui parût

* *Dion, Cassius. Pausanias.*

moins agréable, ou qu'il ne se contentât plus d'être destiné à vivre 75. ans, lors qu'il ôta aux Prêtres de Delphes les Champs de Cirrhe pour les donner à des Soldats: qu'il enleva du Temple plus de 500. Statuës soit d'hommes, soit de Dieux, toutes de bronze, & que pour profaner, ou pour abolir à jamais l'Oracle, il fit égorger des hommes à l'ouverture de la Caverne sacrée d'où sortoit l'esprit divin.

Que l'Oracle après une telle avanture ait été muet jusqu'au tems de Domitien, en sorte que Juvenal ait pû dire alors que Delphes ne parloit plus, cela n'est pas merveilleux.

Cependant il ne faut pas qu'il ait été tout-à-fait muët depuis Neron jusqu'à Domitien, car voici comme parle Philostrate dans la Vie d'Apollonius de Tyane qui a vû Domitien. *Apollonius visita tous les Oracles de la Grece, & celui de Dodone, & celui de Delphes, & celui d'Amphiaraüs*, &c. Ailleurs il parle encore ainsi. *Vous pouvez voir l'Apollon de Delphes illustre par les Oracles qu'il rend au milieu de la Grece. Il répond à ceux qui le consultent, comme vous le sçavez vous-même, en peu de paroles, & sans accompagner sa réponse de prodiges, quoi qu'il lui fût fort aisé de faire trembler le Parnasse, d'arrêter la Course de Cephise, & de changer les eaux de Castalie en vin. Il vous dit simplement la verité, & ne s'amuse point à faire une montre inutile de son pouvoir.* Il est assez plaisant que Philostrate prétende faire valoir son Apollon, parce qu'il n'étoit pas grand faiseur de miracles. Il pourroit y avoir en cet endroit là quelque venin contre les Chrétiens.

Nous avons vû comment du tems de Plutarque qui vivoit sous Trajan, cet Oracle étoit encore sur pied, quoi que réduit à une seule Prêtresse, après en avoir eu deux ou trois. Sous Adrien, Dion Chrisostome dit qu'il consulta l'Oracle de Delphes, & il en raporte une réponse qui lui parut assez embarassée, & qui l'est effectivement.

Sous les Antonins, Lucien dit qu'un Prêtre de Tyane alla demander à ce faux Prophete Alexandre si les Oracles qui se rendoient alors à Didime, à Claros, & à Delphes, étoient véritablement des réponses d'Apollon, ou des impostures. Alexandre eût des égards pour ces Oracles qui étoient de la nature du sien, & répondit au Prêtre qu'il n'étoit pas permis de sçavoir cela. Mais quand cet habile Prêtre demanda ce qu'il seroit après sa mort, on lui répondit hardiment, *Tu seras Chameau, puis Cheval, puis Philosophe, puis Prophete aussi grand qu'Alexandre.*

Après les Antonins, trois Empereurs se disputerent l'Empire, Severus Septimus, Pescennius Niger, Clodius Albinus. *On consulta Delphes,* dit Spartien, *pour sçavoir lequel des trois la Republique devoit souhaiter, & l'Oracle répondit en un Vers, Le Noir est le meilleur, l'Affricain est bon, le Blanc est le pire.* Par le Noir on entendoit Pescennius Niger, par l'Affricain, Severe qui étoit d'Affrique, & par le Blanc, Clodius Albinus. On demanda ensuite qui demeureroit le Maître de l'Empire ; & il fut répondu. *On versera le sang du Blanc & du Noir l'Affricain gouvernera le monde.* On demanda encore combien de tems il gouverneroit, & il fut répondu. *Il montera sur la Mer d'Italie avec vingt Vaisseaux, si cependant un Vaisseau peut traverser la Mer,* par où l'on entendit que Severe régneroit 20. ans. Il est vrai que l'Oracle se réservoit une restriction obscure pour

pouvoir

pouvoit sauver en cas de besoin, mais enfin dans le tems que Delphes étoit le plus florissant, il ne s'y rendoit pas de meilleurs Oracles que ceux-là.

On trouve cependant que Clement Alexandrin dans son exhortation aux Gentils, qu'il a composée, ou sous Severe, ou à peu prés en ce tems-là, dit nettement que la Fontaine de Castalie qui apartenoit à l'Oracle de Delphes, & celle de Colophon, & toutes les autres Fontaines Prophetiques avoient enfin, quoi que tard, perdu leurs vertus fabuleuses.

Peut-être en ce tems-là ces Oracles tomberent-ils dans un de ces silences ausquels ils étoient devenus sujets par intervalles; peut-être, parce qu'ils n'étoient plus guere en vogue, Clement Alexandrin aimoit-il autant dire qu'ils ne subsistoient plus du tout.

Il est toûjours certain que sous Constantius Pere de Constantin, & pendant la jeunesse de Constantin, Delphes n'étoit pas encore ruiné, puis qu'Eusebe fait dire à Constantin dans sa Vie, que le bruit couroit alors qu'Apollon avoit rendu un Oracle, non par la bouche d'une Prêtresse, mais du fond de son obscure Caverne, par lequel il disoit que les hommes justes qui étoient en terre, étoient cause qu'il ne pouvoit plus dire vrai. Voilà un plaisant aveu. De plus, il faloit que l'Oracle de Delphes fût alors bien miserable, puis qu'on en avoit retranché la dépense d'une Prêtresse.

Il reçût un terrible coup sous Constantin, qui commanda ou qui permit que l'on pillât Delphes. *Alors*, dit Eusebe dans la Vie de Constantin, *On produisit aux yeux du peuple dans la Place de Constantinople ces Statuës, dont l'er-*

venu des hommes avoit fait si long-tems des objets de vénération & de culte. Ici l'*Apollon Pithien*, là le *Sminthien*, les *Trépiez dans le Cirque*, & les *Muses Heliconides dans le Palais*, furent exposez aux railleries de tout le monde.

L'Oracle de Delphes se releva pourtant encore une fois. L'Empereur * Julien l'envoya consulter sur l'expédition qu'il méditoit contre les Perses. Si l'Oracle de Delphes a été plus loin, du moins nous ne pouvons pas pousser plus loin son Histoire. Il n'en est plus parlé dans les Livres ; mais en effet, il y a bien de l'aparence que c'est là le tems où il cessa, & que ses dernieres paroles s'adressèrent à l'Empereur Julien, qui étoit si zélé pour le Paganisme. Je ne sçai pas trop bien comment de grands hommes ont pû mettre Auguste en la place de Julien, & avancer hardiment que l'Oracle de Delphes avoit fini par la réponse qu'il avoit renduë à Auguste sur l'Enfant Hebreu.

Quelques Auteurs † modernes qui ont trouvé cet Oracle digne d'une fin éclatante, lui en ont fait une. Ils ont lû dans Sofomene & dans Theodoret, que sous Julien, le feu avoit pris au Temple d'Apollon qui étoit dans un Fauxbourg d'Antioche apellé Daphné, sans qu'on eût pû découvrir l'auteur, ou la cause de cet incendie ; que les Payens en accusoient les Chrétiens, & que les Chrétiens l'attribuoient à un foudre lancé de la main de Dieu. A la verité, Theodore dit que le Tonnerre étoit tombé sur ce Temple ; mais Sofomene n'en parle point. Ces modernes se sont avisez de transporter

* *Theodoret.*
† *Melanchton. P. Pentier, Boissard. Hospinien.*

cet évenement au Temple de Delphes qui étoit fort éloigné de là, & de dire que par une juste vengeance de Dieu les foudres l'avoient renversé au milieu d'un grand Tremblement de terre. Ce Tremblement de terre dont ni Sofomene, ni Theodoret ne parlent point dans l'incendie même de Daphné, a été mis là pour tenir compagnie aux foudres, & pour honorer l'avanture.

Ce seroit une chose ennuyeuse de faire l'Histoire de la durée de tous les autres Oracles depuis la Naissance de Jesus-Christ, il suffira de marquer en quels tems on trouve que quelques-uns des principaux ont parlé pour la derniere fois, & souvenez-vous toûjours que ce n'est pas à dire qu'ils ayent effectivement parlé pour la derniere fois, dans la derniere occasion où les Auteurs nous aprennent qu'ils ayent parlé.

Dion qui ne finit son Histoire qu'à la huitiéme année d'Alexandre Severe, c'est-à-dire l'an 230. de Jesus-Christ, dit que de son tems Amphilocus rendoit encore des Oracles en songe. Il nous aprend aussi qu'il y avoit dans la Ville d'Apollonie un Oracle où l'avenir se déclaroit par la maniere dont le feu prenoit à l'encens qu'on jettoit sur un Autel. Il n'étoit pas permis de faire à cet Oracle des Questions ni de mort ni de mariage. Ces restrictions bizarres étoient quelquefois fondées sur l'Histoire particuliere du Dieu qui avoit eu sujet pendant sa vie de prendre de certaines choses en aversion ; je croi aussi qu'elles pouvoient venir quelquefois du mauvais succés qu'avoient eu les réponses de l'Oracle sur de certaines matieres.

* Sous Aurelien, vers l'an de Jesus-Christ 272. les Palmireniens révoltez consulterent un Oracle d'Apollon Sarpedonien en Cilicie. Ils consulterent encore celui de Venus Aphacite, dont la forme étoit assez singuliere pour mériter d'être raportée ici. Aphaca est un lieu entre Heliopolis & Bible. Auprés du Temple de Venus est un Lac semblable à une Citerne. A de certaines Assemblées que l'on y fait dans des tems réglez, on voit dans ces lieux là un feu en forme de globe ou de lampes; & ce feu, dit Zozime, s'est vû jusqu'à nôtre tems, c'està-dire jusque vers l'an de Jesus-Christ quatre cens. On jette dans le Lac des presens pour la Déesse, il n'importe de quelle espece ils soient. Si elle les reçoit, ils vont au fonds; si elle ne les reçoit pas, ils surnagent, fût-ce de l'argent ou de l'or. L'année qui preceda la ruine des Palmireniens, leurs presens allerent au fond, mais l'année suivante, tout surnagea.

† Licinius ayant dessein de recommencer la Guerre contre Constantin, consulta l'Oracle d'Apollon de Didime, & en eût pour réponse deux Vers d'Homere dont le sens est, *Malheureux Vieillard, ce n'est point à toi à combattre contre de jeunes Gens; tu n'as point de forces, & ton âge t'accable.*

* Un Dieu assez inconnu, nommé Besa, rendoit encore des Oracles sur des Billets à Abide, dans l'extrêmité de la Thebaïde, sous l'Empire de Constantius, car on envoya à cet Empereur des Billets qui avoient

---

* *Zozime.*
† *Sosomene.*
* *Ammian Marcellin.*

été laiſſez dans le Temple de Beſa, ſur leſquels il commença à faire des informations trés rigoureuſes, & jetta dans des priſons, ou envoya en exil, ou fit tourmenter cruellement un aſſez grand nombre de perſonnes. C'eſt que par ces Billets on conſultoit le Dieu ſur la deſtinée de l'Empire, ou ſur la durée que devoit avoir le Régne de Conſtantius, ou même ſur le ſuccés de quelque deſſein que l'on formoit contre lui.

Enfin Macrobe qui vivoit ſous Arcadius & Honorius, fils de Theodoſe, parle du Dieu d'Heliopolis de Sirie & de ſon Oracle, & des fortunes d'Antium, en des termes qui marquent poſitivement que tout cela ſubſiſtoit encore de ſon tems.

Remarquez qu'il n'importe pour nôtre deſſein que toutes ces Hiſtoires ſoient vrayes; ni que ces Oracles ayent effectivement rendu les réponſes qu'on leur attribuë. On n'a pû attribuer de fauſſes réponſes qu'à des Oracles que l'on ſçavoit qui ſubſiſtoient encore effectivement, & les Hiſtoires que tant d'Auteurs en ont debitées, prouvent du moins que l'on ne croyoit pas qu'ils euſſent ceſſé.

CHAPITRE IV.

Ceſſation generale des Oracles avec celle du Paganiſme.

EN general les Oracles n'ont ceſſé qu'avec le Paganiſme, & le Paganiſme ne ceſſa pas à la venuë de Jeſus-Chriſt.

Conſtantin abatit peu de Temples, encore n'oſa-t-il les abattre qu'en prenant le prétexte des crimes qui s'y commettoient. C'est ainsi qu'il fit renverser celui de Venus * Aphacite, & celui d'Esculape qui étoit à † Eges en Cilicie, tous deux Temples à Oracles. Mais il ¶ défendit que l'on sacrifiât aux Dieux, & commença à rendre par cet Edit les Temples inutiles.

On trouve des Edits de Constantius & de Julien, alors Cesar, par lesquels toute Divination est défenduë sur peine de la vie, non seulement celle des Astrologues, & des Interpretes de Songes, & des Magiciens : mais aussi celle des Augures & des Aruspices, ce qui donnoit une grande atteinte à la Religion des Romains. Il est vrai que les Empereurs avoient un interêt particulier à défendre toutes les Divinations, parce qu'on ne faisoit autre chose que s'enquerir de leur destinée, & principalement des Successeurs qu'ils devoient avoir, & tel se révoltoit & prétendoit à l'Empire, pour avoir été flaté par un Devin.

Nous avons vû qu'il restoit encore beaucoup d'Oracles, lorsque Julien se vit Empereur, mais de ceux qui étoient ruïnez, il s'apliqua à en rétablir le plus qu'il pût. Celui du Fauxbourg de Daphné, par exemple, avoit été détruit par Adrien, qui * pendant qu'il étoit encore particulier, ayant trempé une feüille dans la Fontaine Castalienne, (car il y en avoit une de ce nom à Daphné aussi-bien qu'à Delphes,) avoit trouvé sur cette feüille en la retirant de

---

* Zozime.
† Eusebe, vie de Const.
¶ Theodoret.
* Sosomene.

l'eau, l'Histoire de ce qui lui devoit arriver, & des avis de songer à l'Empire. Il craignit, quand il fut Empereur, que cet Oracle ne donnât le même conseil à quelqu'autre, & il fit jetter dans la Fontaine sacrée une grande quantité de pierres dont on la boucha. Il y avoit beaucoup d'ingratitude dans ce procedé; mais Julien * r'ouvrit la Fontaine, il fit ôter d'alentour les Corps qui y étoient enterrez, & purifia le lieu de la même maniere dont les Atheniens avoient autrefois purifié l'Isle de Delos.

Julien fit plus. Il voulut être Prophete de l'Oracle de Didime. C'étoit le moyen de remettre en honneur le Prophete qui n'étoit plus gueres estimé. Il étoit Souverain Pontife, puis qu'il étoit Empereur, mais les Empereurs n'avoient pas coûtume de faire grand usage de cette dignité Sacerdotale. Pour lui, il prit la chose bien plus serieusement, & nous voyons dans une de ses Lettres qui sont venuës jusqu'à nous, qu'en qualité de Souverain Pontife, il défend à un Prêtre Payen de faire pendant trois mois aucune fonction de Prêtre. La Lettre qu'il écrit à Arsace, Pontife de la Galatie, nous aprend de quelle maniere il se prenoit à faire refleurir le Paganisme. Il se felicite d'abord des grands effets que son zèle a produits en fort peu de tems. Il juge que le meilleur secret pour rétablir le Paganisme, est d'y transporter les vertus du Christianisme; la Charité pour les Etrangers, le soin d'enterrer les Morts, & la Sainteté de vie que les Chrétiens, dit-il, feignent si bien. Il veut que ce Pontife, par raison ou par menaces, oblige les Prêtres de Galatie à vivre

* *Ammian Marcellin.*

L iiij

régulierement; à s'abstenir des Spectacles, & des Cabarets, à quitter tous les emplois bas ou infames, à s'adonner uniquement avec toute leur famille au culte des Dieux, & à avoir l'œil sur les Galiléens pour reprimer leurs impietez & leurs profanations. Il remarque qu'il est honteux que les Juifs & les Galiléens nourrissent non seulement leurs pauvres, mais ceux des Payens, & que les Payens abandonnent les leurs, & ne se souviennent plus que l'hospitalité & la liberalité sont des vertus qui leur sont propres, puis qu'Homere fait ainsi parler Eumée. *Mon Hôte, quand il me viendroit quelqu'un moins considerable que toi, il ne me seroit pas permis de ne le point recevoir. Tous viennent de la part de Jupiter & étrangers, & pauvres. Je donne peu, mais je donne avec joye.* Enfin il dit quelles distributions il a ordonné que l'on fasse tous les ans aux pauvres de la Galatie, & il commande à ce Pontife de faire bâtir dans chaque Ville plusieurs Hôpitaux, où soient reçûs non seulement les Payens, mais aussi les autres. Il ne veut point que le Pontife aille souvent voir les Gouverneurs chez eux, mais seulement qu'il leur écrive, & que les Prêtres aillent au devant d'eux, non quand ils entrent dans les Villes, mais seulement quand ils viennent aux Temples; encore ne veut-il pas qu'on les aille recevoir plus loin que le Vestibule. Il défend à ces Gouverneurs, dans cette occasion, de faire marcher devant eux des Soldats, parce qu'alors ils ne sont que des personnes privées, mais il permet aux Soldats de les suivre s'ils veulent.

 Avec ces soins, & cette imitation du Christianisme, Julien, s'il eût vécu, eût aparemment retardé la rüine de sa Religion: mais

Dieu ne lui laissa pas achever deux années de Régne.

Jovien qui lui succeda, commençoit à se porter avec zéle à la destruction du Paganisme, mais en sept mois qu'il régna, il ne pût pas faire de grands progrés.

Valens qui eût l'Empire d'Orient permit à chacun d'adorer tels Dieux qu'il voudroit, & prit plus à cœur de soûtenir l'Arianisme, que le Christianisme même. * Aussi pendant son Régne on immoloit publiquement, & on faisoit publiquement des repas de victimes immolées. Ceux qui étoient initiez aux Misteres de Bacchus les célébroient sans crainte, ils couroient avec des Boucliers, déchiroient des Chiens, & faisoient toutes les extravagances que cette dévotion demandoit.

Valentinien son Frere qui eût l'Occident, fut plus zélé pour la gloire du Christianisme, cependant sa conduite ne fut pas aussi ferme qu'elle eût dû être. Il avoit fait une Loi par laquelle il défendoit toutes les cérémonies nocturnes, Prétextatus, Proconsul de la Grece, lui representa qu'en ôtant aux Grecs ces cérémonies ausquelles ils étoient trés attachez, on leur rendoit la vie tout-à-fait desagréable. Valentinien se laissa toucher, & consentit que sans avoir d'égard à sa Loi on pratiquât les anciennes coûtumes. Il est vrai que c'est Zozime, un Payen, de qui nous tenons cette Histoire; on peut dire qu'il l'a suposée pour donner à croire que les Empereurs consideroient encore les Payens. On peut répondre aussi que Zozime, dans l'état où étoient les affaires de sa Religion, devoit être plûtôt d'humeur à se plaindre du mal qu'on ne lui

* *Theodoret.*

L v

faisoit pas, qu'à se loüer d'une grace qu'on ne lui auroit pas faite.

Ce qui est constant, c'est que l'on a des Inscriptions & de Rome & d'autres Villes d'Italie, par lesquelles il paroît que sous l'Empire de Valentinien des personnes de grande considération firent les Sacrifices nommez Taurobolia & Criobolia, c'est-à-dire Aspersion de sang de Taureau, ou de sang de Belier. Il semble même par la quantité des Inscriptions que cette cérémonie ait été principalement à la mode du tems de Valentinien, & des deux autres Empereurs du même nom.

Comme elle est une des plus bizarres, & des plus singulieres du Paganisme, je crois qu'on ne sera pas fâché de la connoître. Prudence qui pouvoit l'avoir vûë, nous la décrit assez au long.

On creusoit une fosse assez profonde, où celui pour qui se devoit faire la cérémonie, descendoit avec des bandelettes sacrées à la tête, avec une Couronne, enfin avec tout un équipage misterieux. On mettoit sur la fosse un couvercle de bois percé de quantité de trous. On amenoit sur ce couvercle un Taureau couronné de fleurs, & ayant les cornes & le front orné de petites lames d'or. On l'égorgeoit avec un couteau sacré, son sang couloit par ces trous dans la fosse, & celui qui y étoit, le recevoit avec beaucoup de respect; il présentoit son front, ses joües, ses bras, ses épaules, enfin toutes les parties de son corps, & tâchoit à n'en laisser pas tomber une goutte ailleurs que sur lui. Ensuite il sortoit de là hideux à voir, tout souillé de ce sang, ses cheveux, sa barbe, ses habits tout dégoutans, mais aussi il étoit purgé de tous ses crimes, & regeneré pour l'Eternité: car il paroît positivement par les Inscriptions, que ce Sacrifice étoit, pour ceux qui le recevoient, une régeneration mistique & éternelle.

Il faloit le renouveller tous les vingt ans, autrement il perdoit cette force qui s'étendoit dans tous les Siecles à venir.

Les femmes recevoient cette régeneration aussi bien que les hommes. On y associoit qui l'on vouloit, & ce qui est encore plus remarquable, des Villes entieres la recevoient par Députez.

Quelquefois on faisoit ce Sacrifice pour le salut des Empereurs. Des Provinces faisoient leur cour d'envoyer un homme se barboüiller en leur nom de sang de Taureau, pour obtenir à l'Empereur une longue & heureuse vie. Tout cela est clair par les Inscriptions.

Nous voici enfin sous Theodose & ses fils, à la ruine entiere du Paganisme.

Theodose commença par l'Egypte, où il fit fermer tous les Temples. Ensuite il alla jusqu'à faire abattre celui de Serapis le plus fameux de toute l'Egypte.

Selon Strabon, il n'y avoit rien de plus gai dans toute la Religion Payenne que les Pelerinages qui se faisoient à Serapis. Vers le tems de certaines Fêtes, dit-il, on ne sçauroit croire la multitude de gens qui descendent sur un Canal d'Alexandrie à Canope, où est ce Temple. Jour & nuit ce ne sont que Bateaux pleins d'hommes & de femmes qui chantent & qui dansent avec toute la liberté imaginable. A Canope il y a sur le Canal une infinité d'Hôtelleries qui servent à retirer ces Voyageurs, & à favoriser leurs divertissemens.

Aussi le Sophiste Eunapius, Payen, paroît avoir grand regret au Temple de Serapis, &

L vj

nous en décrit la fin malheureuse avec assez de bile. Il dit que des gens qui n'avoient jamais entendu parler de la guerre, se trouverent pourtant fort vaillans contre les pierres de ce Temple, & principalement contre les riches Offrandes dont il étoit plein : que dans ces lieux Saints on y plaça des Moines, gens infames, & inutiles, qui pourvû qu'ils eussent un habit noir & mal propre, prenoient une autorité tirannique sur l'esprit des Peuples ; & que ces Moines au lieu des Dieux que l'on voyoit par les lumieres de la raison, donnoient à adorer des Têtes de Brigands punis pour leurs crimes, qu'on avoit salées afin de les conserver. C'est ainsi que cet Impie traite les Moines & les Reliques ; il faloit que la licence fût encore bien grande du tems qu'on écrivoit de pareilles choses sur la Religion des Empereurs. Ruffin ne manque pas de nous marquer qu'on trouva le Temple de Serapis tout plein de chemins couverts, & de machines disposées pour les fourberies des Prêtres. Il nous aprend entr'autres choses qu'il y avoit à l'Orient du Temple une petite fenêtre, par où entroit à certain jour, un rayon du Soleil qui alloit donner sur la bouche de Serapis. Dans le même tems on aportoit un Simulacre du Soleil qui étoit de fer, & qui étant attiré par de l'aimant caché dans la voûte, s'élevoit vers Serapis. Alors on disoit que le Soleil saluoit ce Dieu ; mais quand le Simulacre de fer retomboit, & que le rayon se retiroit de dessus la bouche de Serapis, le Soleil lui avoit assez fait sa cour, & il alloit à ses affaires.

Aprés que Theodose eût défait le rebelle Eugene, il alla à Rome où tout le Senat tenoit encore pour le Paganisme. La grande raison des Payens étoit, que depuis douze cens ans Rome s'étoit fort bien trouvée de ses Dieux, & qu'elle en avoit reçû toutes sortes de prosperitez. L'Empereur harangua le Senat, & l'exhorta à embrasser le Christianisme; mais on lui répondit toûjours que par l'usage & l'expérience, on avoit reconnu le Paganisme pour une bonne Religion, & que si on le quittoit pour le Christianisme, on ne sçavoit ce qui en arriveroit. Voilà quelle étoit la Theologie du Senat Romain. Quand Theodose vit qu'il ne gagnoit rien sur ces gens-là, il leur déclara que le Fisc étoit trop chargé des dépenses qu'il faloit faire pour les Sacrifices, & qu'il avoit besoin de cet argent là pour payer ses Troupes. On eût beau lui representer que les Sacrifices n'étoient point légitimes s'ils ne se faisoient de l'argent public, il n'eût point d'égard à cet inconvénient. Ainsi les Sacrifices & les anciennes Cérémonies cesserent, & Zozime ne manqua pas de remarquer que depuis ce tems-là toutes sortes de malheurs fondirent sur l'Empire Romain.

Le même Auteur raconte qu'à ce voyage que Theodose fit à Rome, Serena femme de Stilicon voulut entrer dans le Temple de la Mere des Dieux pour lui insulter, & qu'elle ne fit point de difficulté de s'accommoder d'un beau Collier que la Deesse portoit. Une vieille Vestale lui reprocha fort aigrement cette impieté, & la poursuivit jusque hors du Temple avec mille imprécations. Depuis cela, dit Zozime, la pauvre Serena eût souvent, soit en dormant, soit en veillant une vision qui la menaçoit de la mort.

Les derniers efforts du Paganisme furent ceux que fit Simmaque, pour obtenir des

Empereurs Valentinien, Theodose, & Arcadius, le retablissement des Priviléges des Vestales, & de l'Autel de la Victoire dans le Capitole; mais tout le monde sçait avec quelle vigueur saint Ambroise s'y oposa.

Il paroît pourtant par les pieces même de ce fameux Procez que Rome avoit encore l'air extrêmement Payen; car saint Ambroise demande à Simmaque s'il ne suffit pas aux Payens d'avoir les places publiques, les Portiques, les Bains remplis de leurs Simulacres, & s'il faut encore que leur Autel de la Victoire soit placé dans le Capitole qui est le lieu de la Ville, où il vient le plus de Chrétiens *afin que ces Chrétiens, dit-il, reçoivent malgré eux la fumée des Sacrifices dans leurs yeux, la Musique dans leurs oreilles, les cendres dans leur gosier, & l'encens dans leur nez.*

Mais lors même que Rome étoit assiegée par Alaric, sous Honorius, elle étoit encore pleine d'Idoles. Zozime dit que comme tout devoit alors conspirer à la perte de cette malheureuse Ville; non seulement on ôta aux Dieux leurs patures; mais que l'on fondit quelques-uns de ces Dieux qui étoient d'or ou d'argent, & que de ce nombre fut la Vertu ou la Force, aprés quoi aussi elle abandonna entierement les Romains. Zozime ne doutoit pas que cette belle pointe ne renfermât la véritable cause de la prise de Rome.

On ne sçait si sur la foi de cet Auteur on peut recevoir l'Histoire suivante. Honorius défendit à ceux qui n'étoient pas Chrétiens de paroître à la Cour avec un Baudrier, ni d'avoir aucun commandement. Generid Payen, & même Barbare, mais trés brave homme, qui commandoit les Troupes de

Pannonie & de Dalmatie, ne parut plus chez l'Empereur, mit bas le Baudrier, & ne fit plus aucunes fonctions de sa Charge. Honorius lui demandant un jour pourquoi il ne venoit pas au Palais en son rang, selon qu'il y étoit obligé, il lui representa qu'il y avoit une Loi qui lui ôtoit le Baudrier & le Commandement. L'Empereur lui dit que cette Loi n'étoit pas pour un homme comme lui, mais Generid répondit qu'il ne pouvoit recevoir une distinction qui le separoit d'avec tous ceux qui professoient le même culte. En effet, il ne reprit point les fonctions de sa Charge, jusqu'à ce que l'Empereur vaincu par la necessité, eût lui-même retracté sa Loi. Si cette Histoire est vraye, on peut juger qu'Honorius ne contribua pas beaucoup à la ruine du Paganisme.

Mais enfin tout exercice de la Religion Payenne fut défendu sous peine de la vie par une Constitution des Empereurs Valentinien III. & Martien l'an 451. de Jesus-Christ. C'étoit là le dernier coup que l'on pût porter à cette fausse Religion. On trouve pourtant que les mêmes Empereurs qui étoient si zèlez pour l'avancement du Christianisme, ne laissoient pas de conserver quelques restes du Paganisme, peut-être assez considérables. Ils prenoient, par exemple, le titre de *Souverains Pontifes*, & cela vouloit dire de Souverains Pontifes des Augures, des Aruspices, enfin de tous les Colleges des Prêtres Payens, & Chefs de toute l'ancienne Idolâtrie Romaine.

Zozime prétend que le grand Constantin même, & Valentinien & Valens, reçûrent volontiers des Pontifes Payens, & ce titre

& l'habit de cette Dignité qu'on leur alloit offrir selon la coûtume à leur avenement à l'Empire ; mais que Gratien refusa l'équipage Pontifical, & que quand on le reporta aux Pontifes, le premier d'entr'eux dit tout en colere, *Si Princeps non vult appellari Pontifex, admodum brevi Pontifex Maximus fiet.* C'est une pointe attachée aux mots Latins, & fondée sur ce que Maxime se revoltoit alors contre Gratien pour le dépoüiller de l'Empire.

Mais un témoignage plus irréprochable sur ce Chapitre là que celui de Zozime, c'est celui des Inscriptions. On y voit le titre de *Souverain Pontife*, donné à des Empereurs Chrétiens, & même dans le sixiéme Siécle, deux cens ans aprés que le Christianisme étoit monté sur le Trône ; l'Empereur Justin * parmi toutes ses autres qualitez prend celle de *Souverain Pontife*, dans une Inscription qu'il avoit fait faire pour la Ville de Justinopolis en Istrie, à laquelle il donnoit son nom.

Entre un des Dieux d'une fausse Religion, c'est encore bien pis que d'en être le Souverain Pontife. Le Paganisme avoit érigé les Empereurs Romains en Dieux, & pourquoi non ? Il avoit bien érigé la Ville de Rome en Déesse. Les Empereurs Theodose & Arcadius, quoi que Chrétiens, souffrent que Simmaque, ce grand deffenseur du Paganisme, les traite de *vôtre Divinité*, ce qu'il ne pouvoit dire que dans le sens & selon la coûtume des Payens. Et nous voyons des Inscriptions en l'honneur d'Arcadius & d'Honorius qui portent, *Un*

---

* *Gruter.*

tel dévoüé à leur Divinité & à leur Majesté.

Mais les Empereurs Chrétiens ne reçoivent pas seulement ces titres, ils se les donnent eux-mêmes. On ne voit autre chose dans les Constitutions de Theodose, de Valentinien, d'Honorius & d'Anastase. Tantôt ils nomment leurs Edits des *Statuts Celestes*, *des Oracles Divins*: tantôt ils disent nettement, *la très heureuse expédition de nôtre Divinité*, &c.

On peut dire que ce n'étoit là qu'un stile de Chancellerie, mais c'étoit un fort mauvais stile, ridicule pendant le Paganisme même, & impie dans le Christianisme; & puis n'est-il pas merveilleux que de pareilles extravagances deviennent des manieres de de parler familieres & communes dont on ne peut plus se passer ?

La verité est que la flatterie des Sujets pour leurs Maîtres, & la foiblesse naturelle qu'ont les Princes pour les loüanges, maintinrent l'usage de ces expressions plus longtems qu'il n'auroit fallu. J'avoüe qu'il faut suposer & cette flatterie & cette foiblesse, extrêmes chacune dans son genre; mais aussi ces deux choses là n'ont-elles pas de bornes. On donne serieusement à un homme le nom de Dieu, cela n'est presque pas concevable, & ce n'est pourtant encore rien. Cet homme le reçoit si bien qu'il s'accoûtume lui-même à se le donner, & cependant ce même homme avoit une idée saine de ce que c'est que Dieu. Ajustez-moi tout cela d'une maniere qui sauve l'honneur de la nature humaine.

Quant au titre du Souverain Pontife, il n'étoit pas si flateur que la vanité des Empereurs Chrétiens fût interessée à sa conservation. Peut-être croyoient-ils qu'il leur serviroit à tenir encore plus dans le respect ce qui restoit de Payens ; peut-être n'eussent-ils pas été fâchez de se rendre Chefs de la Religion Chrétienne à la faveur de l'equivoque. En effet, on voit quelques occasions où ils en usoient assez en Maîtres, & quelques-uns ont écrit que les Empereurs avoient renoncé à ce titre par l'égard qu'ils avoient eu pour les Papes, qui aparemment en craignoient l'abus.

Il n'est pas si surprenant de voir passer dans le Christianisme pour quelque tems ces restes du Paganisme, que de voir ce qu'il y avoit dans le Paganisme de plus extravagant, de plus barbare, & de plus oposé à la raison & à l'interêt commun des hommes, être le dernier à finir ; je veux dire les Victimes humaines. Cette Religion étoit étrangement bigarée ; elle avoit des choses extrémement gayes, & d'autres très funestes. Ici les Dames vont dans un Temple accorder par dévotion leurs faveurs aux premiers venus, & là par dévotion on égorge des hommes sur un Autel. Ces détestables Sacrifices se trouvent dans toutes les Nations. Les Grecs les pratiquoient aussi bien que les Scithes, mais non pas à la verité aussi fréquemment, & les Romains qui dans un Traité de Paix avoient exigé des Carthaginois qu'ils ne sacrifieroient plus leurs Enfans à Saturne selon la coûtume qu'ils en avoient reçüe des Pheniciens leurs Ancêtres, les Romains eux-mêmes immoloient tous les ans un homme à Jupiter Latial. Eusebe cite Porphire qui le raporte comme une chose qui étoit encore en usage de son tems. Lactance & Prudence, l'un du commencement & l'autre de la fin du quatrième Siécle, nous en font garans aussi, chacun pour le tems où il vivoit. Ces Cérémonies pleines d'horreur ont duré autant que les Oracles, où il n'y avoit tout au plus que de la sottise & de la credulité.

CHAPITRE V.

Que quand le Paganisme n'eût pas dû être aboli, les Oracles eussent pris fin [*].

LE Paganisme a dû nécessairement envelopper les Oracles dans sa ruine, lorsqu'il a été aboli par le Christianisme. De plus il est certain que le Christianisme, avant même qu'il fût encore la Religion dominante, fit extrémement tort aux Oracles, parce que les Chrétiens s'étudierent à en desabuser les Peuples, & à en découvrir l'imposture ; mais indépendamment du Christianisme, les Oracles ne laissoient pas de décheoir beaucoup par d'autres causes, & à la fin ils eussent entierement tombé.

On commence à s'apercevoir qu'ils dégenerent dés qu'ils ne se rendent plus en Vers. Plutarque a fait un Traité exprés pour rechercher la raison de ce changement, & à la maniere des Grecs, il dit sur ce sujet tout ce qu'on peut dire de vrai & de faux.

D'abord c'est que le Dieu qui agite la Pithie se proportionne à sa capacité, & ne lui fait point faire de Vers si elle n'est pas assez habile pour en pouvoir faire naturellement. La connoissance de l'Avenir est d'Apollon,

[*] *Premiere raison particuliere de leur décadence.*

mais la maniere de l'exprimer est de la Prêtresse. Ce n'est pas la faute du Musicien s'il ne peut pas se servir d'une Lire comme d'une Flûte, il faut qu'il s'accommode à l'Instrument. Si la Pithie donnoit ses Oracles par écrit, dirions-nous qu'ils ne viendroient pas d'Apollon, parce qu'ils ne seroient pas d'une assez belle écriture ? L'ame de la Pithie lorsqu'elle se vient joindre à Apollon est comme une jeune Fille à marier qui ne sçait encore rien, & est bien éloignée de sçavoir faire des Vers.

Mais pourquoi donc les anciennes Pithies parloient-elles toutes en Vers ? n'étoit-ce point alors des ames Vierges qui venoient se joindre à Apollon ? A cela Plutarque répond premierement, que les anciennes Pithies parloient quelquefois en Prose, mais de plus que tout le monde anciennement étoit né Poëte. Dés que ces gens-là, dit-il, avoient un peu bû, ils faisoient des Vers ; ils n'avoient pas si-tôt vû une jolie femme, que c'étoient des Vers sans fin ; ils poussoient des Sons qui étoient naturellement des Chants. Ainsi rien n'étoit plus agréable que leurs Festins, & leurs galanteries. Maintenant ce Genie poëtique s'est retiré des hommes, il y a encore des Amours aussi ardens qu'autrefois, & même aussi grands parleurs, mais ce ne sont que des Amours en Prose. Toute la Compagnie de Socrate & de Platon, qui parloit tant d'amour, n'a jamais sçû faire des Vers. Je trouve tout cela trop faux & trop joli pour y répondre serieusement.

Plutarque raporte une autre raison qui n'est pas tout-à-fait si fausse. C'est qu'anciennement il ne s'écrivoit rien qu'en Vers ni sur la Religion, ni sur la Morale, ni sur la Phisique ni sur l'Astronomie. Orphée & Hesiode que l'on connoît assez pour des Poëtes, étoient aussi des Philosophes, & Parmenides, Xenophane, Empedocle, Eudoxe, Thales que l'on connoît assez pour des Philosophes, étoient aussi des Poëtes. Il est assez surprenant que la Prose n'ait fait que succeder aux Vers, & qu'on ne se soit pas avisé d'écrire d'abord dans le langage le plus naturel ; mais il y a toutes les aparences du monde, que comme on n'écrivoit alors que pour donner des préceptes, on voulut les mettre dans un discours mesuré, afin de les faire retenir plus aisément. Aussi les Loix, & la Morale étoient-elles en Vers. Sur ce pied là, l'origine de la Poësie est bien plus serieuse que l'on ne croit d'ordinaire, & les Muses sont bien sorties de leur premiere gravité. Qui croiroit que naturellement le Code dût être en Vers, & les Contes de la Fontaine en Prose ? Il falloit donc bien, dit Plutarque, que les Oracles fussent autrefois en Vers, puis qu'on y mettoit toutes les choses importantes. Apollon voulut bien en cela s'accommoder à la mode. Quand la Prose commença d'y être, Apollon parla en Prose.

Je croi bien que dans les commencemens on rendit les Oracles en Vers, & afin qu'ils fussent plus aisez à retenir, & pour suivre l'usage qui avoit condamné la Prose, à ne servir qu'aux discours ordinaires. Mais les Vers furent chassez de l'Histoire & de la Philosophie qu'ils embrassoient sans nécessité, à peu près sous le Regne de Cyrus. Thales qui vivoit en ce tems-là, fut des derniers Philosophes Poëtes, & Apollon ne cessa de parler en Vers que peu de tems avant Pirrus, comme nous l'aprenons de Ciceron, c'est-à-dire quelque deux cens trente ans après Cyrus. Il paroît par là qu'on retint les Vers à Delphes le plus long-tems qu'on put ; parce qu'on avoit reconnu qu'ils convenoient à la dignité des Oracles, mais qu'enfin on fut obligé de se reduire à la simple Prose.

Plutarque se mocque quand il dit que les Oracles se rendirent en Prose, parce qu'on y demanda plus de clarté, & qu'on se desabusa du galimatias misterieux des Vers. Soit que les Dieux mêmes parlassent, soit que ce ne fussent que les Prêtres, je voudrois bien sçavoir si l'on pouvoit obliger les uns & les autres à parler plus clairement ?

Il prétend avec plus d'aparence que les Vers prophetiques se décrierent par l'usage qu'en faisoient de certains Charlatans, que le menu peuple consultoit, le plus souvent dans les Carrefours. Les Prêtres des Temples ne voulurent avoir rien de commun avec eux, parce qu'ils étoient des Charlatans plus nobles, & plus serieux, ce qui fait une grande difference dans ce métier là.

Enfin Plutarque se résout à nous aporter la veritable raison. C'est qu'autrefois on ne venoit consulter Delphes que sur des choses de la derniere importance, sur des Guerres, sur des Fondations de Villes, sur les interêts des Rois & des Républiques. Presentement, dit-il, ce sont des Particuliers qui viennent demander à l'Oracle s'ils se marieront, s'ils acheteront un Esclave, s'ils réüssiront dans le trafic ; & lorsque des Villes y envoyent, c'est pour sçavoir si leurs Terres seront fertiles, ou si leurs Troupeaux multiplieront. Ces demandes là ne valent pas la peine qu'on y réponde en Vers, & si le Dieu s'amusoit à en faire, il faudroit qu'il ressemblât à ces Sophistes qui font parade de leur sçavoir, lors qu'il n'en est nullement question.

Voilà effectivement ce qui servit le plus à ruïner les Oracles. Les Romains devinrent maîtres de toute la Grece, & des Empires fondez par les Successeurs d'Alexandre. Dés que les Grecs furent sous la domination des Romains, dont ils n'espererent pas de pouvoir sortir, la Grece cessa d'être agitée par les divisions continuelles qui régnoient entre tous ces petits Etats dont les interêts étoient si broüillez. Les Maîtres communs calmerent tout, & l'esclavage produisit la paix. Il me semble que les Grecs n'ont jamais été si heureux qu'ils le furent alors. Ils vivoient dans une profonde tranquilité, & dans une oisiveté entiere : ils passoient les journées dans leurs Parcs des exercices, à leurs Teâtres, dans leurs Ecoles de Philosophie. Ils avoient des Jeux, des Comedies, des disputes & des harangues ; que leur faloit-il de plus selon leur genie ? mais tout cela fournissoit peu de matiere aux Oracles, & l'on n'étoit pas obligé d'importuner souvent Delphes. Il étoit assez naturel que les Prêtres ne se donnassent plus la peine de répondre en Vers, quand ils virent que leur Métier n'étoit plus si bon qu'il l'avoit été.

Si les Romains nuisirent beaucoup aux Oracles par la paix qu'ils établirent dans la Grece, ils leur nuisirent encore plus par le peu d'estime qu'ils en faisoient. Ce n'étoit point là leur folie. Ils ne s'attachoient qu'à leurs Livres Sibillins, & à leur Divination Etrusque, c'est-à-dire aux Auspices, & aux Augures. Les maximes & les sentimens d'un Peuple qui domine, passent aisément dans les autres Peuples, & il n'est pas surprenant que les Oracles, étant une invention Grecque, ayent suivi la destinée de la Grece, qu'ils ayent été florissans avec elle, & ayent perdu avec elle leur premier éclat.

Il faut pourtant convenir, qu'il y avoit des Oracles dans l'Italie. Tibere, dit Suetone, alla à l'Oracle de Gerion auprés de Padoüe ; là étoit une certaine Fontaine d'Apon, que, si l'on en veut croire Claudien, rendoit la parole aux Muets, & guerissoit toutes sortes de maladies. Suetone dit encore que Tibere vouloit ruïner les Oracles qui étoient proches de Rome, mais qu'il en fut détourné par le miracle des Sorts de Preneste, qui ne se trouverent point dans un Coffre bien fermé & bien scellé, où il les avoit fait aporter de Preneste à Rome, & qui se retrouverent dans ce même Coffre dés qu'on l'eût reporté à Preneste.

A ces Sorts de Preneste, & à ceux d'Antium, il y faut ajoûter les Sorts du Temple * d'Hercule qui étoit à Tibur.

Pline le jeune décrit ainsi l'Oracle de Clitomne Dieu d'un Fleuve d'Ombrie. *Le Temple est ancien & fort respecté. Clitomne est là, habillé à la Romaine. Les Sorts marquent la presence & le pouvoir de la Divinité. Il y a là à l'entour plusieurs petites Chapelles dont quelques-unes ont des Fontaines & des Sources ; car Clitomne est comme le Pere de plusieurs autres petits Fleuves qui viennent se joindre à lui. Il y a un Pont qui fait la separation de la partie Sacrée de ses eaux d'avec la profane. Au dessus de ce Pont on ne peut qu'aller en Bateau, au dessous il est permis de se baigner. Je ne crois point connoître d'autre Fleuve que celui-là,*

* Stace.

là, qui rende des Oracles ; ce n'étoit guere leur coûtume.

Mais dans Rome même il y avoit des Oracles. Esculape n'en rendoit-il pas dans son Temple de l'Isle du Tibre ? On a trouvé à Rome un morceau d'une Table de Marbre, où sont en Grec les Histoires de trois miracles d'Esculape. En voici le plus considerable, traduit mot à mot sur l'Inscription. *En ce même-tems il rendit un Oracle à un Aveugle nommé Caïus ; il lui dit qu'il allât au saint Autel, qu'il s'y mit à genoux, & y adorât, qu'ensuite il allât du côté droit au côté gauche, qu'il mit les cinq doigts sur l'Autel, & enfin qu'il porta sa main sur ses yeux. Après tout cela l'Aveugle vit, le Peuple en fut témoin, & marqua la joye qu'il avoit de voir arriver de si grandes merveilles sous nôtre Empereur Antonin.* Les deux autres guerisons sont moins surprenantes, ce n'étoit qu'une pleuresie, & une perte de sang, desesperées l'une & l'autre à la verité, mais le Dieu avoit ordonné à ces Malades des Pommes de Pin avec du Miel, & du Vin avec de certaines cendres, qui sont des choses que les Incrédules peuvent prendre pour de vrais Remedes.

Ces Inscriptions pour être Grecques, n'en ont pas été moins faites à Rome. La forme des Lettres & l'Ortographe ne paroissent pas être de la main d'un Sculpteur Grec. De plus quoi qu'il soit vrai que les Romains faisoient leurs Inscriptions en Latin, ils ne laissoient pas d'en faire quelques-unes en Grec, principalement lors qu'il y avoit pour cela quelque raison particuliere. Or il est assez vraisemblable qu'on ne se servit que de la Langue Grecque dans le Temple d'Esculape, parce que c'étoit un Dieu Grec, & qu'on avoit fait venir de Grece pendant cette grande

Tome I. M

Peste dont tout le monde sçait l'Histoire.

Cela même nous fait voir que cet Oracle d'Esculape n'étoit pas l'institution Romaine, & je croi qu'on trouveroit aussi à la plûpart des Oracles d'Italie une origine Grecque, si ou vouloit se donner la peine de la chercher.

Quoi qu'il en soit, le petit nombre d'Oracles qui étoient en Italie, & même à Rome, ne fait qu'une exception trés peu considérable à ce que nous avons avancé : Esculape ne se mêloit que de la Medecine, & n'avoit nulle part au Gouvernement. Quoi qu'il sçût rendre la vûë aux Aveugles, le Senat ne se fût pas fié à lui de la moindre affaire. Parmi les Romains les particuliers pouvoient avoir foi aux Oracles, s'ils vouloient, mais l'Etat n'y en avoit point. C'étoient les Sibilles & les entrailles des Animaux qui gouvernoient, & une infinité de Dieux tombérent dans le mépris, lors qu'on vit que les Maîtres de la Terre ne daignoient pas les consulter.

CHAPITRE VI.

Seconde cause particuliere de la décadence des Oracles.

IL y a ici une difficulté que je ne dissimulerai pas. Dés le tems de Pirrhus, Apollon étoit réduit à la Prose, c'est-à-dire, que les Oracles commençoient à décheoir ; & cependant les Romains ne furent Maîtres de la Grece que long-tems aprés Pirrhus, & depuis Pirrhus jusqu'à l'établissement de la domination Romaine dans la Grece, il y eût en tout ce païs là autant de Guerres & de mouvemens que jamais, & autant de sujets importans d'aller à Delphes.

Cela est très vrai. Mais aussi du tems d'Alexandre, & un peu avant Pirrhus, il se forma dans la Grece de grandes Sectes de Philosophes qui se moquoient des Oracles ; les Ciniques ; les Peripateticiens ; les Epicuriens. Les Epicuriens sur tout ne faisoient que plaisanter des méchans Vers qui venoient de Delphes ; car les Prêtres les faisoient comme ils pouvoient ; souvent même péchoient-ils contre les régles de la mesure, & ces Philosophes railleurs trouvoient fort mauvais qu'Apollon le Dieu de sa Poësie, fut infiniment au dessous d'Homere, qui n'avoit été qu'un simple mortel, inspiré par Apollon même.

On avoit beau leur répondre, que la méchanceté même des Vers marquoit qu'ils partoient d'un Dieu, qui avoit un noble mépris pour les regles, ou pour la beauté du stile. Les Philosophes ne se payoient point de cela, & pour tourner cette réponse en ridicule, ils raportoient l'exemple de ce Peintre, à qui on avoit demandé un Tableau d'un cheval qui se roulât à terre sur le dos. Il peignit un cheval qui couroit, & quand on lui dit que ce n'étoit pas là ce qu'on lui avoit demandé, il renversa le Tableau, & dit, *Ne voila-t'il pas le Cheval qui se roule sur le dos ?* C'est ainsi que ces Philosophes se moquoient de ceux qui par un certain raisonnement qui se renversoit, eussent conclu également que les Vers étoient d'un Dieu, soit qu'ils eussent été bons, ou méchans.

Il falut enfin que les Prêtres de Delphes accablez des plaisanteries de tous ces gens-là, renonçassent aux Vers, du moins pour ce qui se prononçoit sur le Trepié ; car hors de là, il y avoit dans le Temple des Poëtes qui de sang froid, mettoient en Vers ce que la fureur Divine n'avoit inspiré qu'en Prose à la Pithie. N'est-il pas plaisant qu'on ne se contentât point de l'Oracle, tel qu'il étoit sorti de la bouche du Dieu ? Mais aparemment des gens qui venoient de loin, eussent été honteux de ne reporter chez eux qu'un Oracle en Prose.

Comme on conservoit l'usage des Vers le plus qu'il étoit possible, les Dieux ne dédaignoient point de se servir quelquefois de quelques Vers d'Homere dont la vérification étoit assurément meilleure que la leur. On trouve assez d'exemples ; mais & ces Vers empruntez, & les Poëtes gagez des Temples, doivent passer pour autant de marques que l'ancienne Poësie naturelle des Oracles s'étoit fort décriée.

Ces grandes Sectes de Philosophes contraires aux Oracles dûrent leur faire un tort plus essentiel, que celui de les réduire à la Prose. Il n'est pas possible qu'ils n'ouvrissent les yeux à une partie des gens raisonnables, & qu'à l'égard du Peuple même, ils ne rendissent la chose un peu moins certaine qu'elle n'étoit auparavant. Quand les Oracles avoient commencé à paroître dans le monde, heureusement pour eux la Philosophie n'y avoit point encore part.

CHAPITRE VII.

Dernieres Causes particulieres de la décadence des Oracles.

LA fourberie des Oracles étoit trop grossiere pour n'être pas enfin découverte par mille differentes avantures. Je conçoi qu'on reçût d'abord les Oracles avec avidité, & avec joye, parce qu'il n'étoit rien plus commode que d'avoir des Dieux toûjours prêts à répondre sur tout ce qui causoit de l'inquiétude ou de la curiosité ? je conçoi qu'on ne dût renoncer à cette commodité qu'avec beaucoup de peine, & que les Oracles étoient de nature à ne devoir jamais finir dans le Paganisme, s'ils n'eussent pas été la plus impertinente chose du monde ; mais enfin à force d'expériences, il falut bien s'en desabuser.

Les Prêtres y aiderent beaucoup par l'extrême hardiesse avec laquelle ils abusoient de leur faux Ministere. Ils croyoient avoir mis les choses au point de n'avoir besoin d'aucun ménagement.

Je ne parle point des Oracles de plaisanterie qu'ils rendoient quelquefois. Par exemple à un homme qui venoit demander au Dieu ce qu'il devoit faire pour devenir riche, ils lui répondoient agréablement, *Qu'il n'avoit qu'à posseder tout ce qui est entre les Villes de Sicione & de Corinthe.* * Aussi badinoit-on quelquefois avec eux. Polemon dormant dans le Temple d'Esculape pour aprendre de lui les moyens de se guerir de la Goutte, le Dieu lui aparut,

* *Athénée.*

& lui dit, *Qu'il s'abstint de boire froid*. Polemon lui répondit, *Que ferois-tu donc, mon bel Ami, si tu avois à guerir un Bœuf?* Mais ce ne sont là que des gentillesses de Prêtres qui s'égayoient quelquefois, & avec qui on s'égayoit aussi.

Ce qui est plus essentiel, c'est que les Dieux ne manquoient jamais de devenir amoureux des belles Femmes : il faloit qu'on les envoyât passer des nuits dans les Temples, parées de la main même de leurs Maris, & chargées de presens pour payer le Dieu de ses peines. A la verité on fermoit bien les Temples à la vûë de tout le monde, mais on ne garantissoit point aux Maris les chemins souterrains.

Pour moi j'ai peine à concevoir que de pareilles choses ayent pû être pratiquées seulement une fois. Cependant Herodote nous assure qu'au huitiéme & dernier étage de cette superbe Tour du Temple de Belus à Babilone, étoit un Lit magnifique, où couchoit toutes les nuits une Femme choisie par le Dieu. Il s'en faisoit autant à Thébes en Egypte, & quand la Prêtresse de l'Oracle de Patare en Licie devoit phophetiser, il faloit auparavant qu'elle couchât seule dans le Temple où Apollon venoit l'inspirer.

Tout cela s'étoit partiqué dans les plus épaisses tenebres du Paganisme, & dans un tems où les cérémonies Payennes n'étoient pas sujettes à être contredites; mais à la vûë des Chrétiens le Saturne d'Alexandrie ne laissoit pas de faire venir les nuits dans son Temple, telle femme qu'il lui plaisoit de nommer par la bouche de Tirannus son Prêtre. Beaucoup de femmes avoient reçû cet honneur avec grand respect, & on ne se plaignoit point de Saturne, quoi qu'il soit le plus âgé & le moins galant des Dieux. Il s'en trouva une à la fin qui ayant couché dans le Temple, fit réflexion qu'il ne s'y étoit rien passé que de fort humain, & dont Tirannus n'eût été assez capable. Elle en avertit son Mari, qui fit faire le Procez à Tirannus. Le malheureux avoüa tout, & Dieu sçait quel scandale dans Alexandrie.

Les crimes des Prêtres, leur insolence, divers évenemens qui avoient fait paroître au jour leurs fourberies, l'obscurité, l'incertitude & la fausseté de leurs réponses, auroient donc enfin décredité les Oracles, & en auroient causé la rüine entiere, quand même le Paganisme n'auroit pas dû finir.

Mais il s'est joint à cela des causes étrangeres. D'abord de grandes Sectes de Philosophes Grecs qui se sont mocquez des Oracles: ensuite les Romains qui n'en faisoient point d'usage: enfin les Chrétiens qui les détestoient, & qui les ont abolis avec le Paganisme.

FIN.

TABLE DES CHAPITRES

PREMIERE DISSERTATION.

Que les Oracles n'ont point été rendus par les Démons. page 146

CHAPITRE I. Premiere Raison, pourquoi les Anciens Chrétiens ont crû que les Oracles étoient rendus par les Démons. Les Histoires surprenantes qui couroient sur le fait des Oracles & des Genies. 147

CHAP. II. Seconde Raison des Anciens Chrétiens pour croire les Oracles surnaturels. Convenance de cette opinion avec le Sistéme du Christianisme. 151

CHAP. III. Troisiéme Raison des Anciens Chrétiens. Convenance de leur opinion avec la Philosophie de Platon. 152

CHAP. IV. Que les Histoires surprenantes qu'on debite sur les Oracles, doivent être fort suspectes. 155

CHAP. V. Que l'opinion commune sur les Oracles, ne s'accorde pas si bien qu'on pense avec la Religion. 165

CHAP. VI. Que les Démons ne sont pas suffisamment étab'is par le Platonisme. 170

CHAP. VII. Que de grandes Sectes de Philosophes Payens n'ont point crû qu'il y eût rien de surnaturel dans les Oracles. 174

DES CHAPITRES.

CHAP. VIII. *Que d'autres que des Philosophes ont aussi assez souvent fait peu de cas des Oracles.* 181

CHAP. IX. *Que les anciens Chrétiens eux-mêmes n'ont pas trop crû que les Oracles fussent rendus par les Démons.* 188

CHAP. X. *Oracles corrompus.* 192

CHAP. XI. *Nouveaux établissemens des Oracles.* 197

CHAP. XII. *Lieux où étoient les Oracles.* 201

CHAP. XIII. *Distinctions de jours & autres Misteres des Oracles.* 207

CHAP. XIV. *Des Oracles qui se rendoient sur des Billets cachetez.* 211

CHAP. XV. *Des Oracles en Songe.* 215

CHAP. XVI. *Ambiguitez des Oracles.* 220

CHAP. XVII. *Fourberies des Oracles manifestement découvertes.* 223

CHAP. XVIII. *Des Sorts.* 225

SECONDE DISSERTATION.

Que les Oracles n'ont point cessé au tems de la Venuë de Jesus-Christ. 230

CHAP. I. *Foiblesse des Raisons sur lesquelles cette opinion est fondée.* ibid.

CHAP. II. *Pourquoi les Auteurs anciens se contredisent souvent sur le tems de la cessation des Oracles.* 236

CHAP. III. *Histoire de la durée de l'Oracle de Delphes, & de quelqu'autres Oracles.* 238

CHAP. IV. *Cessation generale des Oracles avec celle du Paganisme.* 245

CHAP. V. *Que quand le Paganisme n'eût pas dû être aboli, les Oracles eussent pris fin. Premiere*

TABLE DES CHAPITRES.

raison particuliere de leur décadence. 258
CHAP. VI. *Seconde cause particuliere de la décadence des Oracles.* 266
CHAP. VII. *Dernieres causes particulieres de la décadence des Oracles.* 269

Fin de la Table des Chapitres.

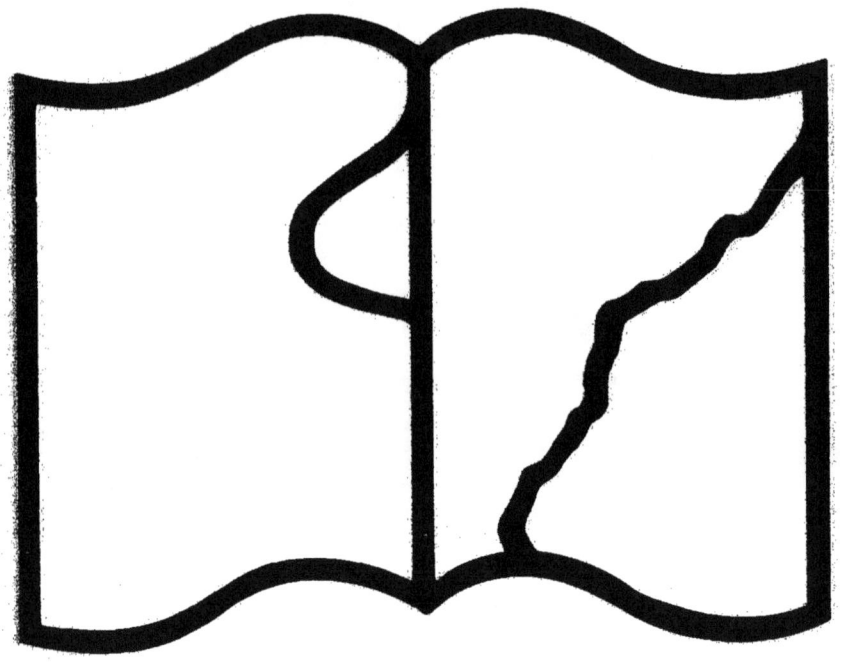

Texte détérioré — reliure défectueuse

NF Z 43-120-11

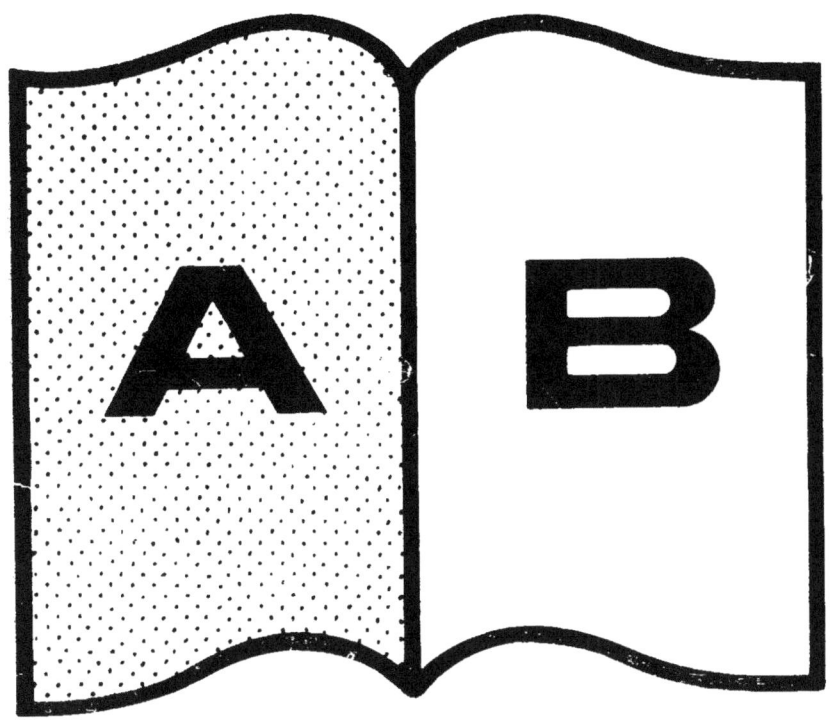

Contraste insuffisant

NF Z 43-120-14

www.ingramcontent.com/pod-product-compliance
Lightning Source LLC
Chambersburg PA
CBHW060153100426
42744CB00007B/1016